Viktoria Sarina

MEIN HERZENSPFERD

ViktoriaSarina

Mein Herzenspferd

Community EDITIONS

Hier ist Platz
für ein FOTO von dir
und deinem
HERZENSPFERD!

In diesem Buch kannst du deine ganz persönliche Pferde- und Reitgeschichte festhalten. Deine Erlebnisse, Fortschritte und vor allem die Liebe zu deinem HERZENSPFERD. Wir alle haben es – unser allerliebstes Lieblingspferd, das unser Herz erobert hat. Ganz egal, ob es dein eigenes ist, ein Schulpferd oder eine Reitbeteiligung. Alles, was zählt, ist die besondere Verbindung zwischen euch.

Folge unseren Ponyabenteuern gerne auf Instagram unter @Flora.Blue_ und verwende den Hashtag #meinherzenspferd, um Bilder deines Lieblings oder gestaltete Seiten des Buches zu teilen und andere Pferdeverrückte zu entdecken.

PFERDE FASZINIEREN UNS – und sie verzaubern uns jedes Mal aufs Neue! Den Grund dafür kennen wir meist gar nicht so genau, aber wir fühlen es. Wenn uns ein Pferd gegenübersteht, bekommen wir ein Kribbeln im Bauch, in unserem Gesicht zeigt sich ein Lächeln und unsere Augen beginnen zu strahlen. Wir wollen nichts lieber, als das weiche Fell unter unseren Fingern zu fühlen, den warmen Atem an unserer Haut zu spüren und ein zufriedenes Schnauben zu hören.

Die letzten Meter auf dem Weg zum Reiterhof können wir im Auto nicht mehr ruhig sitzen, ein warmes Gefühl von Vorfreude breitet sich in uns aus.

Wenn wir an Wiesen vorbeifahren, sind wir nur damit beschäftigt, Ausschau nach Pferden zu halten. Nichts bringt uns mehr zum Strahlen als das Gefühl, auf einem galoppierenden Pferd zu sitzen. Nichts verursacht mehr Schmetterlinge im Bauch, als wenn uns unser Lieblingspferd freundlich zur Begrüßung entgegen wiehert und auf uns zu trottet. Nichts beobachten wir lieber als Pferde, die auf der Koppel miteinander spielen.

Nichts bringt uns mehr zum Lachen als die Tollpatschigkeit von so manchem Vierbeiner.

Nichts macht uns stolzer, als von unserem Reitlehrer gelobt zu werden. Unser Lieblingstag ist nicht einfach Samstag oder Sonntag – unser Lieblingstag ist der, an dem wir eine Reitstunde haben.

Pferdegeruch soll stinken? So ein Quatsch – für uns gibt es keinen besseren Duft. Das schönste Geräusch? Natürlich das eines vorbeigaloppierenden Pferdes.
Das sind sie – die Symptome von uns Pferdemädchen und Pferdejungs. Und was wir ganz und gar nicht wollen, ist geheilt zu werden. Der Pferdevirus hat uns erwischt und wir wollen ihn bloß nie wieder loswerden. Wie viel langweiliger wäre unser Leben ohne all die Pferdegeschichten, die Erlebnisse und Träume, die wir haben? »Normalos« verstehen uns zwar nicht, aber das ist schon okay, dafür haben wir ja uns: unsere Pferdeclique, die aus anderen Pferdemädchen und -jungs und den schönen Vierbeinern besteht.
Pferdefreunde für immer!

ALLE FAKTEN AUF EINEN BLICK
Mein Herzenspferd

Name: Sirocco

Geburtstag: 2002

Rasse: Anglo-arab

> Die Rasse meines Ponys Flora ist leider nicht bekannt, aber ich bin mir sicher, sie ist ein Paint-Horse-Pony-Mix.

Wenn du es nicht weißt, lies dir die Merkmale der verschiedenen Rassen durch und vielleicht passen ein oder zwei ja besonders gut zu deinem Liebling. Ein paar findest du ab Seite 81.

Farbbezeichnung: dark brown

Stockmaß:

Lieblingsfutter: Apple treats

Lieblingsbeschäftigung: go fast

Welche Farbe steht ihm/ihr am besten? green

Hat dein Liebling ABZEICHEN am Kopf?
Zeichne sie ein!

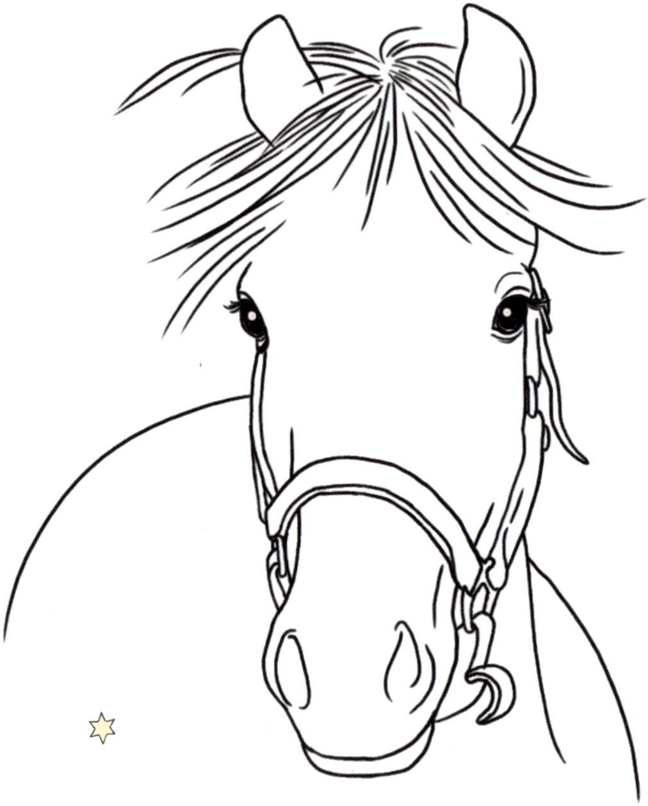

Und wie sehen seine AUGEN aus?

Wusstest du, dass nicht alle Pferde braune oder schwarze Augen haben? Von Grün über Gelb bis Blau ist fast alles möglich – es gibt sogar mehrfarbige Augen!

ABZEICHEN an den Beinen

ERSTE BEGEGNUNG

Wie, wo und wann war sie – eure erste magische Begegnung? Oder war sie gar nicht so vielversprechend und eure Zuneigung entstand erst auf den zweiten oder dritten Blick?

I didnt like him at first but now I love him After 2 months.

Ich habe mein Pony Flora in einer verrückten Reitstunde kennengelernt. Nichts hat geklappt und alles ist schiefgelaufen. Aber genau das hat es so aufregend gemacht. Ich wollte unbedingt nochmal auf ihr reiten und es beim nächsten Mal besser machen. Sie hat mich herausgefordert.

SCHÄTZE DEINEN VIERBEINER EIN!

verschmust 1 2 3 ④ 5 6 7 8 9 10

geduldig 1 ② 3 4 5 6 7 8 9 10

kinderlieb ① 2 3 4 5 6 7 8 9 10

energiegeladen 1 2 3 4 5 6 7 ⑧ 9 10

frech 1 2 3 4 ⑤ 6 7 8 9 10

verfressen 1 2 3 4 5 6 7 8 9 ⑩

zickig 1 2 ③ 4 5 6 7 8 9 10

schlau 1 2 3 4 5 6 ⑦ 8 9 10

dominant 1 2 3 4 5 ⑥ 7 8 9 10

faul 1 2 3 4 5 6 ⑦ 8 9 10

15

Wie sieht der **TAGESABLAUF** deines Herzenspferdes aus?
Wann gibt es Heu, wann geht es auf die Koppel,
wann wird geritten oder longiert?

07:00 Uhr In dehn Stall
08:00 Uhr Brekfast
09:00 Uhr In deln foll
10:00 Uhr fell
11:00 Uhr feild
12:00 Uhr faild
13:00 Uhr Eeild
14:00 Uhr foild
15:00 Uhr feild
16:00 Uhr Stall
17:00 Uhr lessons and/or Stall
18:00 Uhr Lessons and Stall

SO GUT SCHMECKEN DEINEM PFERD ...

Karotten 1 2 3 4 5 6 7 8 9 ⑩

Äpfel 1 2 3 4 5 6 ⑦ 8 9 10

Birnen 1 2 3 4 5 6 7 8 9 10

Bananen ① 2 3 4 5 6 7 8 9 10

Wassermelonen 1 2 3 4 ⑤ 6 7 8 9 10

Getrocknetes Brot 1 2 3 4 5 6 7 8 9 10

Salzlecksteine 1 2 3 4 5 6 7 8 9 10

Kräutertees 1 2 3 4 5 6 7 8 9 10

Leckerlis mit _____ Geschmack

1 2 3 4 5 6 7 8 9 10

Leckerlis mit _____ Geschmack

1 2 3 4 5 6 7 8 9 10

PFERDESAMMLUNG

Was besitzt du schon?

▶ Halfter

▶ Führstrick

Hier kannst du all das Pferdezubehör aufschreiben, das du schon hast. Fehlt dir noch etwas?

▶ ....
▶ ....
▶ ....
▶ ....
▶ ....
▶ ....
▶ ....
▶ ....
▶ ....
▶ ....
▶ ....

- ....
- ....
- ....
- ....
- ....
- ....
- ....
- ....
- ....
- ....
- ....
- ....

Wie sieht dein Schrank, Fach oder Spind im STALL oder ZU HAUSE aus? Was befindet sich darin?

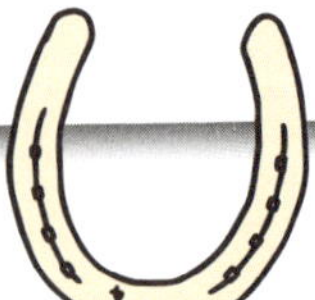

Und die wichtigste Frage: Wie ordentlich ist er?

1 2 3 4 5 6 7 8 9 10

KOMMEN WIR NUN ZU DIR ...

Wann hast du begonnen zu reiten?

- -

Wann hattest du deine erste Reitstunde?

- -

Wann war dein erster Ausritt?

- -

Bist du schon mal vom Pferd gefallen?   JA   NEIN

Wenn ja, wie oft?

- -

 Schreibe hier besser mit Bleistift, dann kannst du die Zahl aktualisieren.

> Ich bin schon öfter von Flora gefallen, als ich an einer Hand abzählen kann. Na, wer schafft es, mich zu überbieten? :D

Denk immer daran – Runterfallen hat nichts damit zu tun, wie gut oder schlecht du reiten kannst. Es gibt verschiedene Ursachen, warum man fällt. Manchmal erschreckt sich das Pferd und du rechnest nicht damit, vielleicht warst du gerade unaufmerksam. Manchmal hat es einen schlechten Tag und manchmal einfach zu viel Energie und will lieber über den Platz springen und toben. Jeder Reiter landet mal im Sand und manche auch 100 Mal. Wichtig ist, dass du immer einmal öfter aufstehst, als du hinfällst. Sand abklopfen, Helm richten und wieder aufsitzen.

Hast du schon mal im Stall übernachtet? -

Bist du schon mal bei Nacht ausgeritten? -

Warst du schon mal mit einem Pferd im Wasser? - - - - - - - - - - - - -

Hast du schon mal mit einem liegenden Pferd gekuschelt?   JA   NEIN

Bist du schon mal in einer Kutsche mitgefahren ...

... oder hast du sogar schon mal selbst eine Kutsche gelenkt?

Hast du schon mal einen mehrstündigen Wanderritt gemacht?

Bist du schon mal ohne Sattel galoppiert?

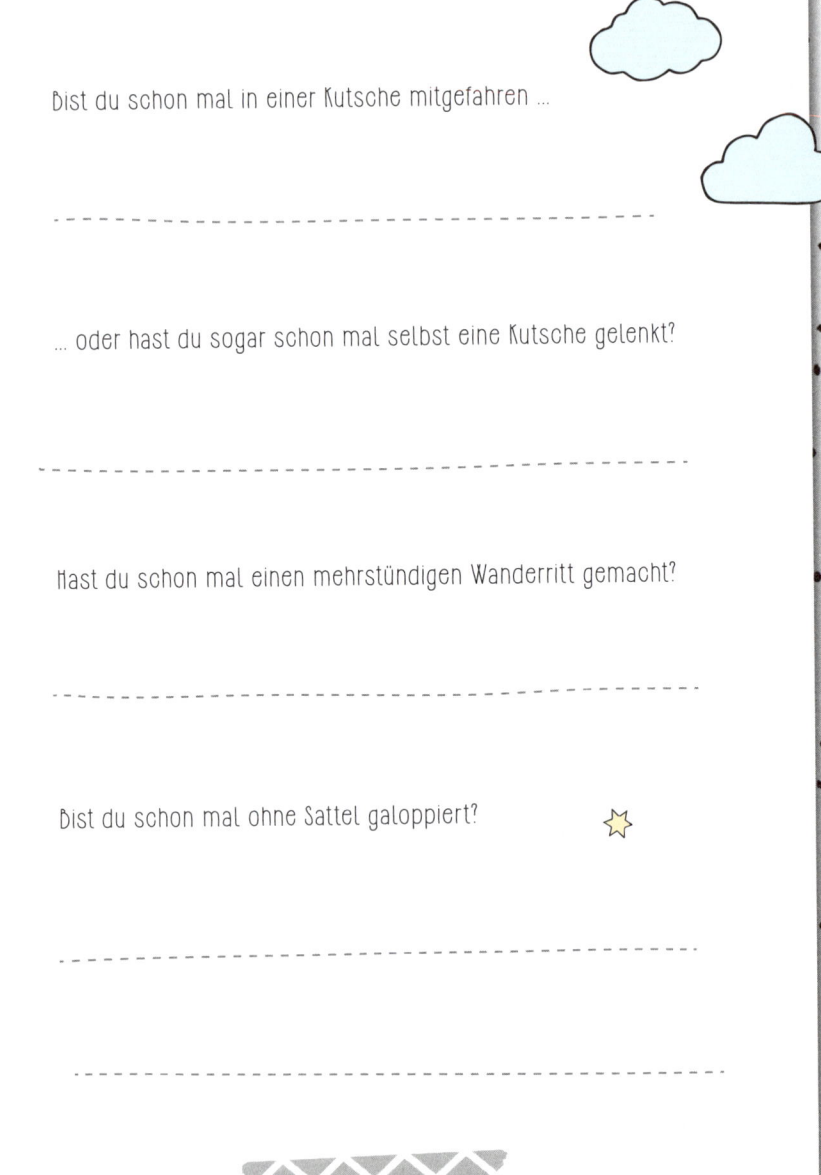

 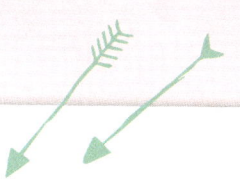

Hast du schon mal ein Fohlen gestreichelt?

Bist du schon mal mit einem Handpferd ausgeritten?

Bist du schon mal in einem Pferdeschlitten durch den Schnee gefahren?

Bist du schon mal nur mit Halsring geritten?

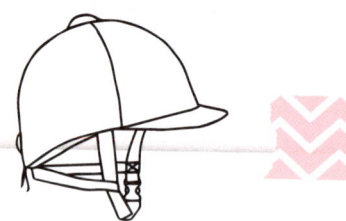

Hast du schon mal an einem Turnier teilgenommen?

Mit welchem Pferd?

- -

In welcher Disziplin?

- -

Wie aufgeregt warst du davor? 1 2 3 4 5 6 7 8 9 10

Welchen Platz hast du erreicht?

- -

28

Seite für den besten PFERDEKUMPEL deines Lieblings.

Wer ist der oder die BFF deines Pferdes?
Hat dein Herzenspferd einen PFERDEFREUND oder eine PFERDEFREUNDIN? Warum mögen die beiden sich so gern?

⭐ --

⭐ ------------------------------------

31

Welche gemeinsamen ZIELE haben dein

Herzenspferd und du?

- -

- -

- -

- -

- -

- -

- -

- -

- -

- -

- -

Und was habt ihr schon ZUSAMMEN erreicht?

Was waren eure **SCHÖNSTEN GEMEINSAMEN** Momente?
Notiere sie, um sie niemals zu vergessen.

BUCKET LIST: Was willst du unbedingt noch mit deinem **LIEBLING** erleben?

- -
- -
- -
- -
- -
- -
- -
- -
- -
- -
- -

FINDEST

du den Ausweg aus diesem verwinkelten Maisfeldlabyrinth?

Wie sieht der typische ABLAUF aus, wenn du zu deinem Herzenspferd in den Stall kommst? Was machst du IMMER zuerst? Und womit endet eure gemeinsame Zeit?

♡ --
♡ --
♡ --
♡ --
♡ --
♡ --
♡ --
♡ --
♡ --
♡ --
♡ --
♡ --
♡ --

Pferde können uns so viel beibringen – über das Leben und über uns. Beobachte dein Pferd ganz genau. Seinen Blick, seine Bewegungen und seine Reaktionen. Hast du manchmal das Gefühl, dein Pferd ist schreckhafter als sonst, genervter oder sturer? Und an anderen Tagen läuft einfach alles perfekt? Dein Pferd scheint dann genau zu wissen, was du von ihm willst, und Spaß daran zu haben!

Natürlich sind alle Pferde auch nur Lebewesen mit verschiedenen Eigenschaften und Charakterzügen und manchmal haben sie einfach einen schlechten Tag. Vielleicht wegen des Wetters, weil sie ein Grummeln im Bauch haben oder der Boxennachbar gewechselt hat.

Eine wichtige Zutat solltest du allerdings nicht aus den Augen verlieren – DICH SELBST. Deine Gefühlslage kann sich auf die des Pferdes übertragen. Wenn du gestresst, genervt oder schlecht gelaunt bist, dann wird das dein Pferd übernehmen. Das kann sich ganz unterschiedlich zeigen. Plötzlich vermutet es ein unheimliches Monster in der linken oberen Ecke der Reithalle oder weigert sich, über eine Bodenstange zu traben, die bisher noch nie ein Problem dargestellt hat. Oder es achtet nicht auf dich und will selbst die Richtung vorgeben. Warum ist das so? *Das Pferd spiegelt dich.* Teste es doch einfach mal aus! Achte ganz genau darauf, wie sich das Pferd verhält, wenn du gut drauf bist, und dann, wenn du mal keinen guten Tag hast.

TIPPS für Tage, an denen du schlecht gelaunt bist:

♥ Versuche in der Zeit, in der du bei deinem Pferd bist, alles andere aus deinem Kopf zu verbannen. Über die unfaire Lehrerin oder die verpatzte Prüfung kannst du dich später auch noch ärgern.

♥ Teste erstmal das Gemüt deines Pferdes, bevor du mit der gemeinsamen Arbeit beginnst. Verhält sich dein Pferd zur Begrüßung so wie sonst? Oder läuft es von dir weg, obwohl es das sonst nie tut? Wie verhält es sich, wenn du es führst? Drängelt es mehr als sonst? Bleibt es stehen, wenn du es auch tust, oder versucht es, dich ständig zu überholen? So hast du schon mal eine grobe Ahnung, was dich erwartet.

♥ Entspanne dich, während du das Pferd putzt und sattelst. Bewege dich langsam und nicht hektisch, um dich und den Vierbeiner zu beruhigen.

♥ Streiche auch mit den Händen über den Pferdekörper, nicht nur mit den Bürsten. Fühle die Wärme, das Fell und die Formen.

♥ Erinnere dich daran, was du am Umgang mit Pferden so sehr liebst. Dafür bist du hier und opferst deine Zeit.

♥ Wiederhole Lektionen und Übungen beim Reiten oder der Bodenarbeit, von denen du weißt, dass sie immer klappen. So bekommst du ein gutes Gefühl und hast Erfolg.

♥ Sei dankbar für alles, was geklappt hat, und bleibe motiviert für das nächste Mal. Jetzt darfst du dich wieder ärgern. Oder ist dieses anfängliche Gefühl plötzlich wie weggeblasen? Sehr gut, alles richtig gemacht! Denn nichts macht den Kopf freier als der Umgang mit deinem Herzenspferd.

Die schönsten FRISUREN, die man mit einer PFERDEMÄHNE machen kann.

Verpasse ihnen den letzten Touch!

41

Auch ein **SCHWEIF** eignet sich
perfekt zum **FLECHTEN.**

Mit der perfekten Frisur muss man natürlich auch gleich noch schöne Fotos schießen!

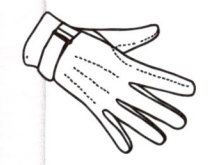

Wir haben ein paar PFERDE-FOTOSHOOTING-IDEEN für dich:

♥ Im Indianer-Stil: Flechte Federn und große Perlen in die Mähne mit ein und bemale das Fell deines Lieblings mit hautfreundlichen Fingerfarben oder Haarkreide. Bunte Linien, Kreise oder Punkte – das Ergebnis wird so cool aussehen!

♥ Weihnachtliche Stimmung kommt auf, wenn du das Halfter mit Lametta umwickelst, bevor du es deinem Liebling überziehst.

♥ Ganz einfach umzusetzen, aber eine große Wirkung: Zieh dich farblich passend zur Schabracke, Bandagen oder Halfter an.

♥ Nutze die »goldene Stunde«. Das ist die Zeit, kurz bevor die Sonne untergeht und die letzten Strahlen alles in goldenes Licht tauchen. Perfekt für romantische Aufnahmen.

♥ Zusammen mit anderen Fellnasen: Hole beispielsweise auch einen Hund oder eine Katze mit aufs Foto. Natürlich nur, wenn sich die anderen Vierbeiner mit deinem Herzenspferd verstehen.

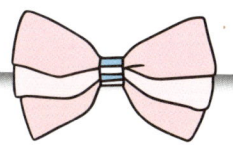

Wenn dein **LIEBLINGSPFERD** ein Mensch wäre...

Welche Frisur hätte es?

Wo würde es wohnen?

Welchen Job hätte es?

Welche typischen Eigenschaften hätte es?

Was wäre sein liebstes Hobby?

Notiere hier die schönsten REITWEGE rund um deinen Stall.
Führe eine Strichliste, wie oft du welchen Weg schon geritten bist ...

LIEBLINGSHUFSCHLAGFIGUREN

Zeichne sie ein!

A

F   K

B   X   E

M   H

C

46

A

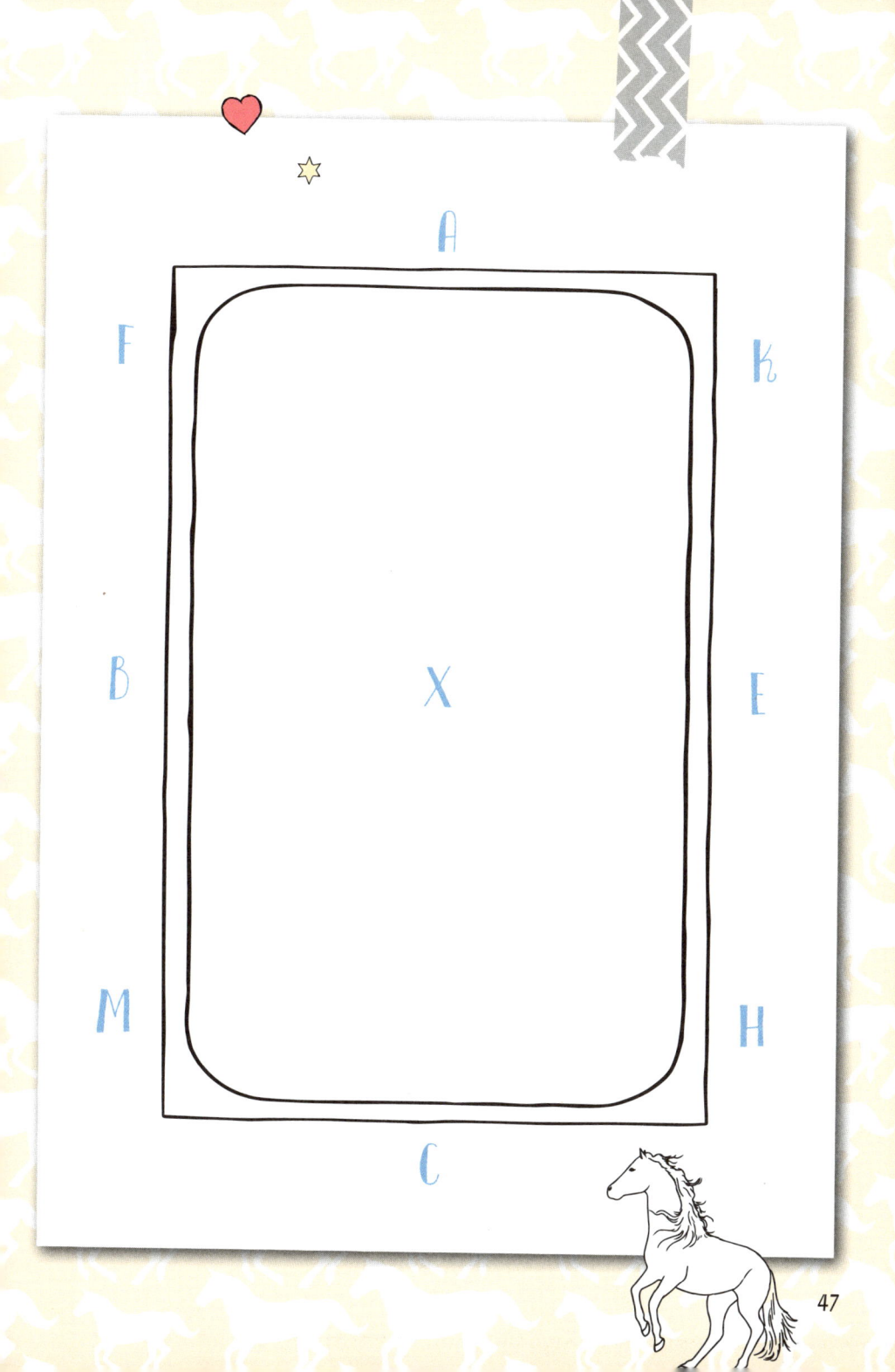

F   K

B   X   E

M   H

C

Warst du schon mal in den REITERFERIEN?

Wo?

Wie lange?

Wie hieß das Pferd, auf dem du geritten bist?

Das absolute Highlight war:

Möchtest du es gerne wiederholen? JA NEIN

Wie sehen dein

TRAUMSATTEL UND DEINE TRAUMSCHABRACKE aus?

Auf wie vielen **VERSCHIEDENEN PFERDEN** bist du schon geritten?
Du kannst diese Liste immer wieder erweitern ...

Auf wie vielen **REITERHÖFEN** warst du schon zu Besuch?
Zähle sie auf ...

DESIGNE OUTFITS ZUM AUSREITEN

53

TURNIER-OUTFITS

55

FUN FACTS

Das älteste Pferd der Welt war »Old Billy« – er wurde 62 Jahre alt.

Das größte Pferd der Welt war »Sampson«, ein Shire-Horse-Wallach. Sein Stockmaß betrug ganze 2,19 m und er wog 1521 kg.

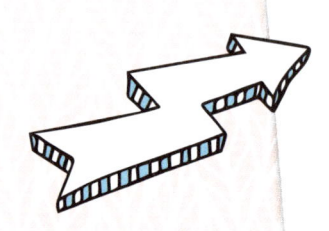

Araber sind die älteste Pferderasse der Welt.

Das kleinste Pferd hingegen war »Little Pumpkin«, ein Falabella-Hengst mit einem Stockmaß von 35,5 cm. Er wog nur 9 kg.

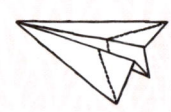

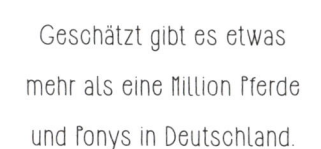

Geschätzt gibt es etwas mehr als eine Million Pferde und Ponys in Deutschland.

3,89 Millionen Menschen in Deutschland reiten und 900.000 davon besitzen mindestens ein Pferd.

Pferde trinken ca. 30–60 Liter Wasser täglich.

Das teuerste Pferd der Welt wurde für 11 Millionen Euro verkauft. Es handelte sich um das Springpferd »Palloubet d'Halong«.

Wie sieht der **HOF** aus, auf dem du reitest?

Versuche dich am **GRUNDRISS** der Anlage und des Stalls. Wo befindet sich die Reithalle, der Heuboden, der Waschplatz ...

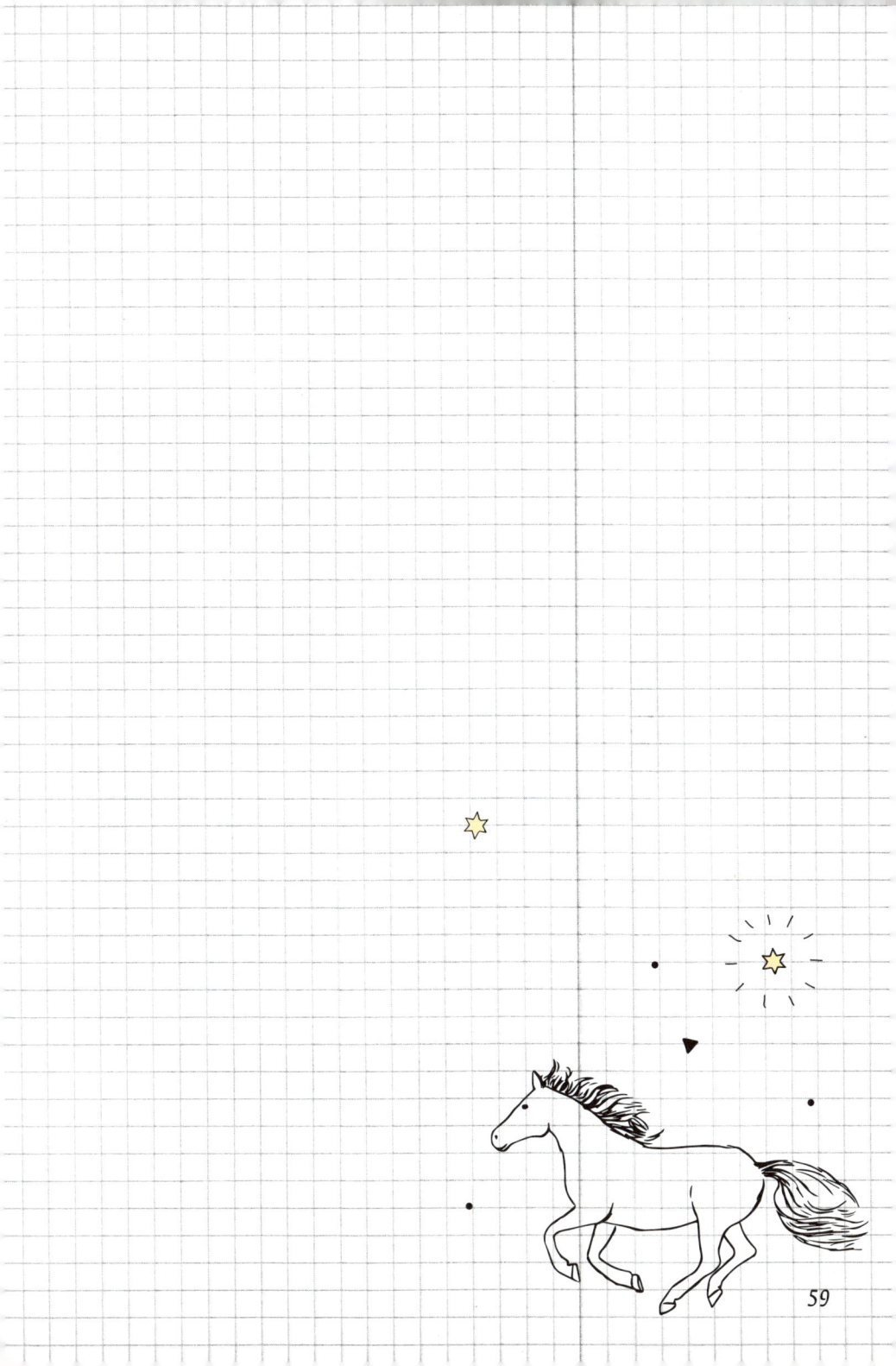

Meine **LUSTIGSTEN ERLEBNISSE** im Stall waren ...

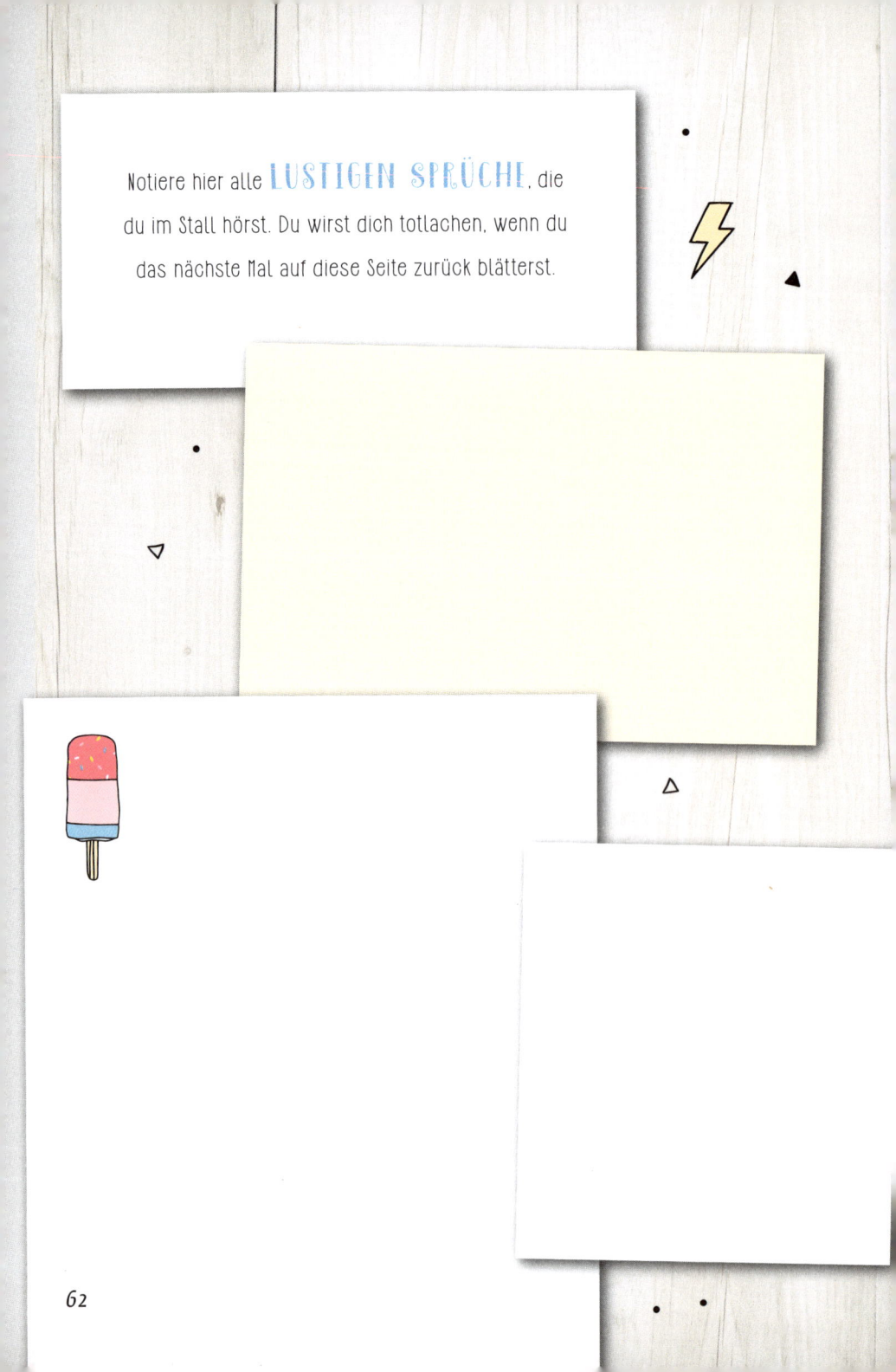

Notiere hier alle LUSTIGEN SPRÜCHE, die du im Stall hörst. Du wirst dich totlachen, wenn du das nächste Mal auf diese Seite zurück blätterst.

63

WER LEBT IN DIESER BOX?

Sei kreativ und verschönere diese
BOXENTÜR!

Welcher ist der schönste PFERDEFILM, den du jemals gesehen hast?

Und der beste PFERDEROMAN, den du jemals gelesen hast?

Welches ist das interessanteste PFERDEBUCH, von dem du am meisten lernen konntest?

Hast du einen lustigen PFERDEWITZ auf Lager?

Liste alle PFERDE auf deinem HOF auf.
Schreibe besser mit Bleistift, weil sich das ja immer mal wieder ändern kann.

♡ --
♡ --
♡ --
♡ --
♡ --
♡ --
♡ --
♡ --
♡ --
♡ --
♡ --
♡ --
♡ --

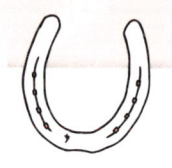

ENTWEDER – ODER

DRAUSSEN oder DRINNEN reiten

PONY oder GROSSPFERD

WESTERN oder ENGLISCHE REITWEISE

SCHIMMEL oder RAPPE

AUSMISTEN oder SATTEL PUTZEN

BRAUNES oder **SCHWARZES LEDERZEUG**

REITSTIEFEL oder **CHAPS**

MIT oder **OHNE** Reithandschuhe reiten

REITHOSE oder **REITLEGGINGS**

FREIZEIT oder **TURNIER**

LIEBLINGSPRODUKTE

für die Mähne: _____

_____

für den Schweif: _____

_____

für das Fell: _____

_____

für die Hufe: _____

_____

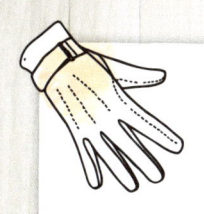

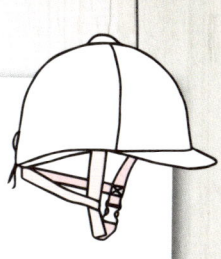

für den Sattel:

....

für die Stiefel: ....

....

Lieblingsleckerlis: ....

....

Lieblingsreithose:

....

....

WUNSCHZETTEL

Diese Dinge wünsche ich mir noch ...

Ab heute bist du **PFERDEBÜRSTEN**-Designer :D
Gestalte diese Bürsten nach deinem eigenen Geschmack!

75

KENNST DU DIE ANTWORTEN?

Die Auflösung gibt es auf Seite 117.

Wie schnell kann ein Pferd galoppieren?

Wie viel Kilo Heu frisst ein Pferd am Tag?

Welche Fellfarbe kommt am häufigsten vor?

Wie hoch war der höchste Sprung eines Pferdes?

Wie viele Pferderassen gibt es?

77

lasse alle deine PFERDEMÄDELS UND -JUNGS

auf dieser Seite unterschreiben.
Vielleicht wollen sie dir auch einen Tipp dalassen?

MEINE FRIENDS AUS DEM STALL

Name: ....

Herzenspferd: ....

Reitet seit: ....

Lieblings-Gangart/Lektion: ....

Name: ....

Herzenspferd: ....

Reitet seit: ....

Lieblings-Gangart/Lektion: ....

Name: ....

Herzenspferd: ....

Reitet seit: ....

Lieblings-Gangart/Lektion: ....

Name: ....

Herzenspferd: ....

Reitet seit: ....

Lieblings-Gangart/Lektion: ....

Name: ....

Herzenspferd: ....

Reitet seit: ....

Lieblings-Gangart/Lektion: ....

Name: ....

Herzenspferd: ....

Reitet seit: ....

Lieblings-Gangart/Lektion: ....

Name: --

Herzenspferd: ------------------------------

Reitet seit: --------------------------------

Lieblings-Gangart/Lektion: ------------------

Name: --

Herzenspferd: ------------------------------

Reitet seit: --------------------------------

Lieblings-Gangart/Lektion: ------------------

BEKANNTE PFERDERASSEN

SHETLANDPONY

Stockmaß: 87 cm – 107 cm

Häufige Farben: Es gibt keine Farbe, die nicht vorkommt.

Shetlandponys haben kurze, aber sehr kräftige Beine und können das Doppelte ihres eigenen Gewichts ziehen. Sie sind kleine Herzensbrecher und dafür bekannt, außerordentlich sanftmütig, umgänglich und freundlich zu sein. Mit diesen Eigenschaften sind sie das perfekte Anfängerpferd und viele Kinder machen auf ihnen ihre ersten Reiterfahrungen.

ISLANDPFERD

Stockmaß: 125 cm – 118 cm

Häufige Farben: Von Schimmeln über Schecken bis hin zu Rappen ist alles vertreten.

Charakteristisch für Islandpferde ist das volle, wuschelige Langhaar. Sie sind selbstständig und selbstbewusst und haben einen starken Vorwärtsdrang. Gleichzeitig sind sie aber keinesfalls unsensibel. Neben den Grundgangarten Schritt, Trab und Galopp verfügen die meisten Isländer über zwei weitere Gangarten: Tölt und Pass.

HAFLINGER

Stockmaß: 138 cm – 150 cm

Häufige Farben: fuchsfarbenes Fell in hellen und dunkleren Ausprägungen. Mähne und Schweif sind hell.

Haflinger stammen ursprünglich aus Südtirol. Sie sind beliebte Freizeitpferde, aber mittlerweile auch vermehrt auf Turnieren anzutreffen. Grundsätzlich sind sie sehr freundlich, nervenstark und gutmütig. Allerdings haben sie auch einen starken Willen und brauchen einen Menschen, der damit umgehen kann.

ARABISCHES VOLLBLUT

Stockmaß: 115 cm – 160 cm

Häufige Farben: alle – wobei Schimmel am häufigsten vorkommen und Rappen sehr selten sind.

Araber sind die älteste Pferderasse der Welt. Sie sind sehr edle Pferde und ihre Bewegungen sind schwungvoll und energisch.

Ihr Wesen ist sensibel und gleichzeitig sehr temperamentvoll.

HANNOVERANER

Stockmaß: 160 cm–185 cm

Häufige Farben: Braune, Rappen, Füchse, Schimmel.

Hannoveraner sind sehr beliebte Turnierpferde und Vertreter dieser Rasse konnten bereits große Erfolge in der Dressur und im Springen feiern. Diese Pferde sind nicht nur sehr leistungsbereit und ehrgeizig, sondern auch freundlich im Umgang und folgsam.

LIPIZZANER

Stockmaß: 152 cm–165 cm

Häufige Farben: Schimmel.

Bekannt wurde diese Pferderasse besonders durch die »Spanische Hofreitschule« in Wien, dort kann man Lipizzaner in Shows der hohen klassischen Dressur bewundern. Lipizzaner sind sensibel, lernwillig und nicht immer leicht im Umgang.

FRIESE

Stockmaß: 155 cm – 175 cm

Häufige Farben: ausschließlich Rappen.

Mit ihrem eleganten Aussehen ziehen Friesen fast jeden in ihren Bann. Häufigen Einsatz finden sie in der Dressur und im Fahren. Ihr Gang ist kraft- und schwungvoll und sie sind sehr ehrgeizig.

SHIRE HORSE

Stockmaß: 1,63 cm – 2 m

Häufige Farben: vor allem Braune mit weißen Abzeichen, Rappen, Schimmel, aber auch Schecken.

Das Shire Horse ist die größte Pferderasse weltweit und es ist keine Seltenheit, wenn ein Tier die Tonnengrenze überschreitet. Diese Pferde sind sehr menschenbezogen und haben ein außerordentlich sanftes Wesen. Ursprünglich wurden sie als Kriegs- und Arbeitspferde eingesetzt. Mittlerweile sind sie sehr beliebte Showpferde.

PAINT HORSE

Stockmaß: 112 cm – 160 cm

Häufige Farben: Schecken in allen Farbgebungen.

Trotz der geringen Größe ist das Paint Horse kräftig und ausdauernd. Besonders oft ist es im Westernsport anzutreffen. Charakteristische Eigenschaften: lernwillig und intelligent. Das Paint Horse ist sehr trittsicher und deshalb besonders beliebt für lange und anstrengende Ausritte.

APPALOOSA

Stockmaß: 112 cm – 162 cm

Häufige Farben: Eine einfarbige Farbgebung gibt es nicht! Optisch unterscheiden sich Appaloosas durch ihre bunte Fellzeichnung von anderen Pferderassen. Appalloosas sind beliebte Westernpferde. Wie auch das Paint Horse sind sie ausdauernd und lernwillig. Außerdem sind Appaloosas ruhig, geduldig, gutherzig, robust und klug.

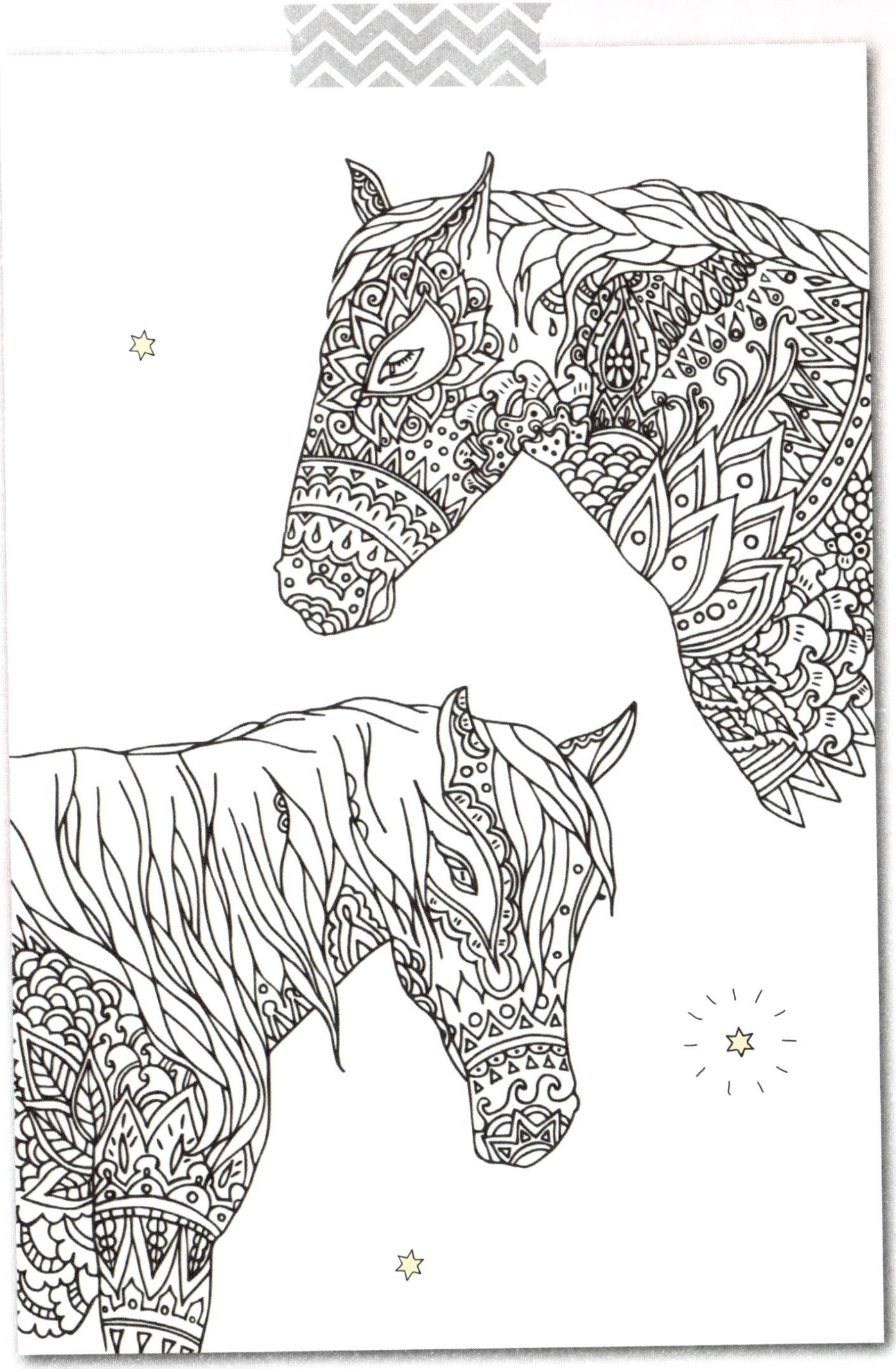

FELLFARBEN

FUCHS

Füchse gibt es in vielen verschiedenen Schattierungen – von hell bis dunkel oder auch stark rot.

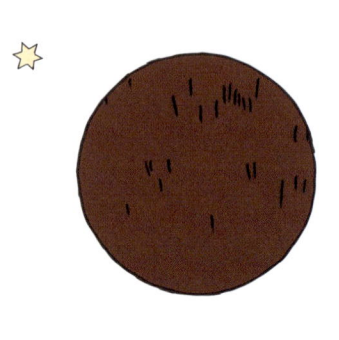

BRAUNER

Auch bei den Braunen gibt es Schattierungen, die ins Rote gehen können. Allerdings ist der Unterschied zu den Füchsen, dass braune Pferde schwarzes Langhaar haben.

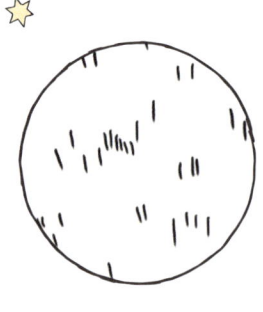

SCHIMMEL

Schimmel werden mit dunklem Fell geboren und werden erst im Alter hell. Manche bekommen ein strahlend weißes Fell und andere behalten graue Stellen und dunkle Zeichnungen.

RAPPE

Bei einem Rappen sind das Fell wie auch Schweif und Mähne schwarz.

SCHECKE

Schecken können die unterschiedlichsten Flecken haben. Kein Schecke sieht aus wie der andere.

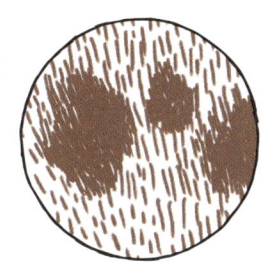

PALOMINO

Davon spricht man, wenn ein Pferd goldfarbenes Fell und weißes Langhaar hat.

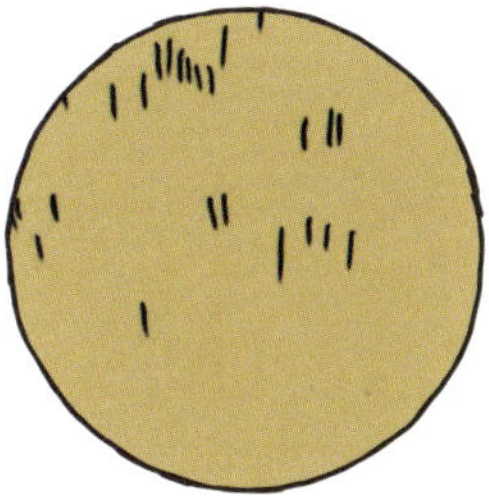

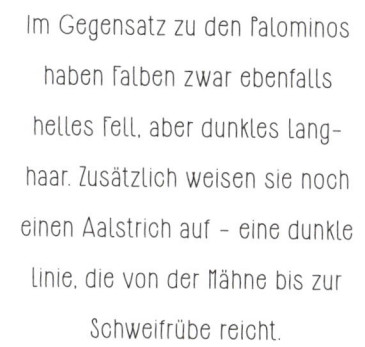

FALBE

Im Gegensatz zu den Palominos haben Falben zwar ebenfalls helles Fell, aber dunkles Langhaar. Zusätzlich weisen sie noch einen Aalstrich auf – eine dunkle Linie, die von der Mähne bis zur Schweifrübe reicht.

REITWEISEN

Es gibt viele verschiedene Reitweisen, aber das sind wohl die zwei bekanntesten ...

ENGLISCHE REITWEISE

Das ist eine Sammelbezeichnung für Springreiten, Dressurreiten, Vielseitigkeitsreiten und noch mehr.
Die Kennzeichen dieser Reitweise liegen unter anderem darin, dass der Reiter in Anlehnung reitet.
Das bedeutet, dass er einen stetigen Kontakt über die Zügel und die angelegten Schenkel zu dem Pferd hat.

WESTERNREITWEISE

Diese Reitweise hat ihren Ursprung in Amerika bei den Cowboys. Ausgebildete Westernpferde werden einhändig und mit durchhängendem Zügel geritten.
Auf den ersten Blick fällt direkt der typische Westernsattel auf, denn an dessem vorderen Ende befindet sich ein Horn.
Ursprünglich nutzten die Cowboys dieses für ihr Lasso.

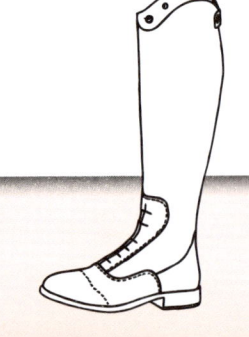

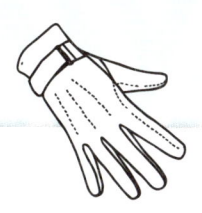

Für welche Reitweise du dich entscheidest, ist eine persönliche Sache. Wichtig ist nur, dass Reiter und Pferd sich damit wohlfühlen. Deshalb spricht auch nichts dagegen, sich die Vorteile aus den verschiedenen Reitweisen herauszunehmen und eine Mischung zu reiten. Bleib immerzu offen für Neues und beobachte genau, ob es deinem Pferd damit gut geht oder nicht.

WICHTIG: Auch erfahrene Reiter sollten von Zeit zu Zeit Reitstunden in Anspruch nehmen. Denn man hat niemals ausgelernt.

REITBAHN-REGELN

Die Regeln für die Reithalle oder den Außenplatz unterscheiden sich zwar von Hof zu Hof, aber grundsätzlich gilt Folgendes:

♥ Wer die Halle betreten oder verlassen möchte, ruft »Tor frei?« und wartet auf eine Antwort. So können Zusammenstöße vermieden werden.

♥ Um andere Reiter nicht zu stören, stelle dich bitte in die Mitte der Bahn, während du auf- oder absitzt.

♥ Merke dir »die linken Hände geben sich«. So weißt du immer, welcher Reiter ausweichen muss.

♥ Gerade Linien vor gebogenen! Das bedeutet, dass Reiter auf der Tour/dem Zirkel die Reiter auf der ganzen Bahn vorlassen müssen.

♥ Die schnellere Gangart hat Vorrang und darf am ersten Hufschlag reiten. Wer Schritt reitet, reitet am zweiten oder dritten Hufschlag.

♥ Abäppeln nach dem Reiten nicht vergessen!

♥ WICHTIG!

Sicherheit geht vor und deshalb reite IMMER mit Helm. Egal, wie brav dein Pferd ist, es ist ein Fluchttier und kann sich unerwartet erschrecken.

Außerdem solltest du niemals essen oder trinken, während du auf einem Pferderücken sitzt, denn die Gefahr ist zu groß, dass du dich verschluckst oder dir auf die Zunge beißt.

Kennst du noch andere Regeln? Dann schreibe sie hier auf:

♥ --

♥ --

♥ --

BAHNFIGUREN

A

F   K

Halbe Bahn

B   X   E

M   H

Ganze Bahn

C

A

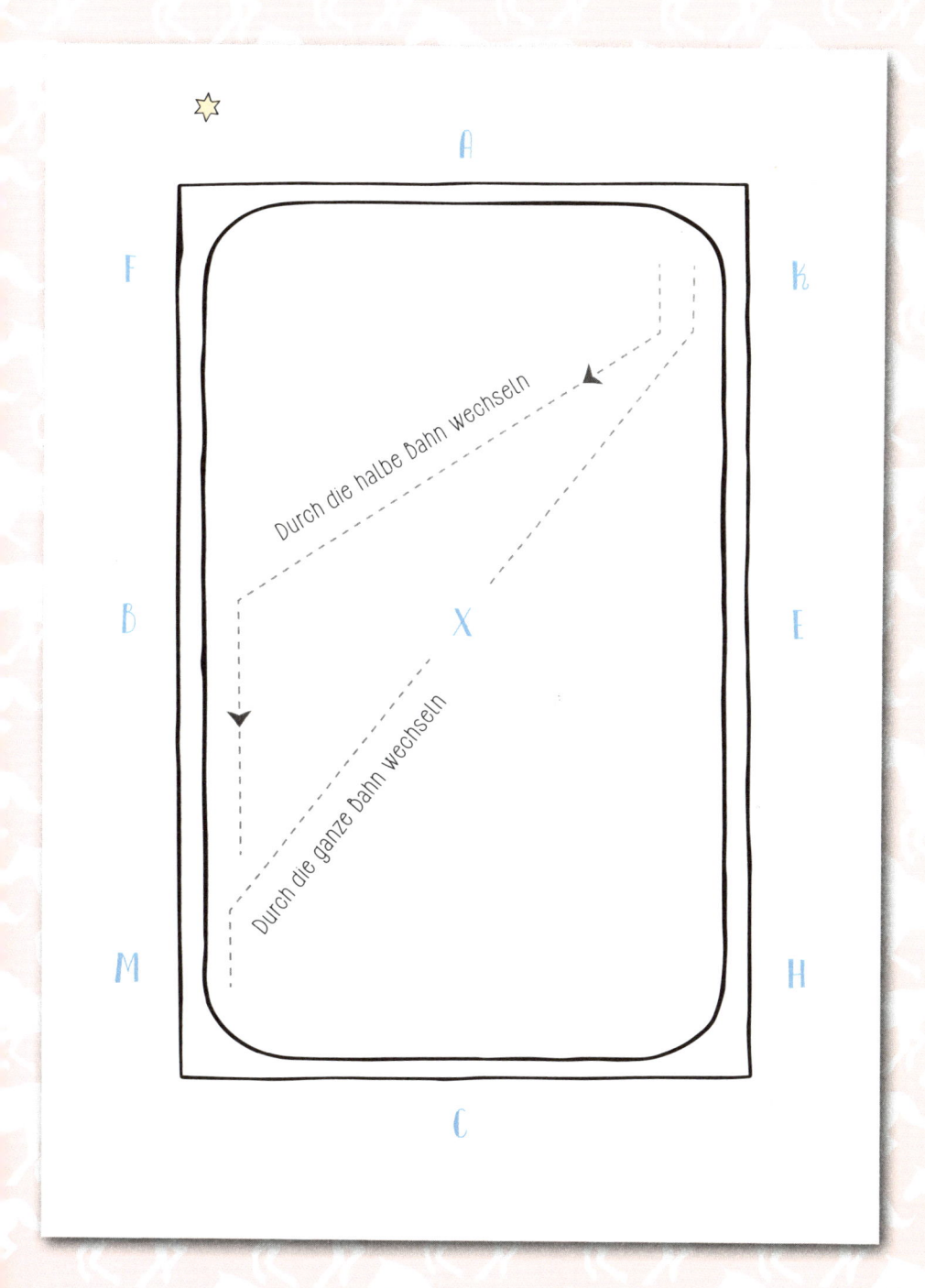

F

K

Durch die halbe Bahn wechseln

B X E

Durch die ganze Bahn wechseln

M H

C

97

A

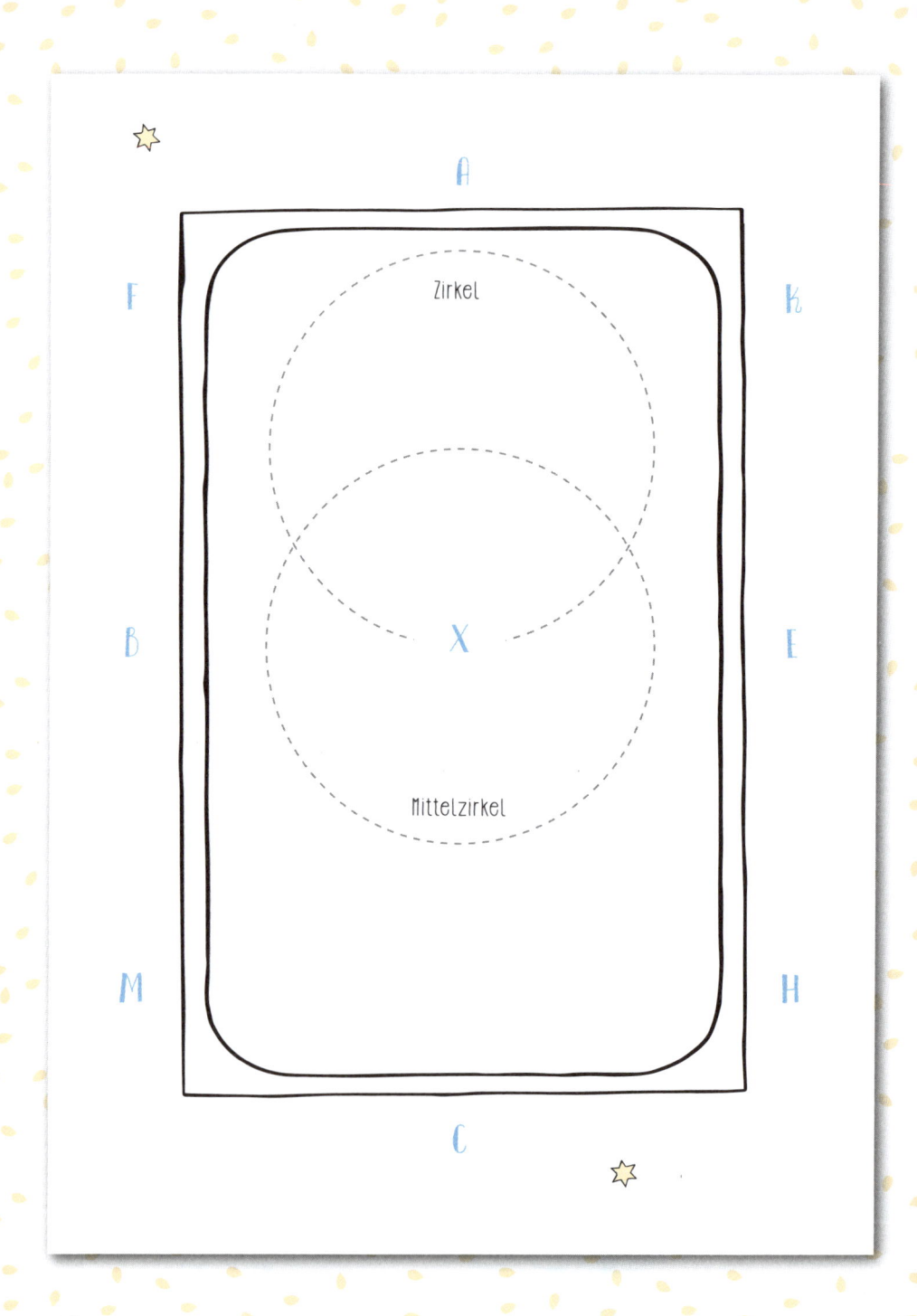

F

Zirkel

K

B

X

E

Mittelzirkel

M

H

C

A

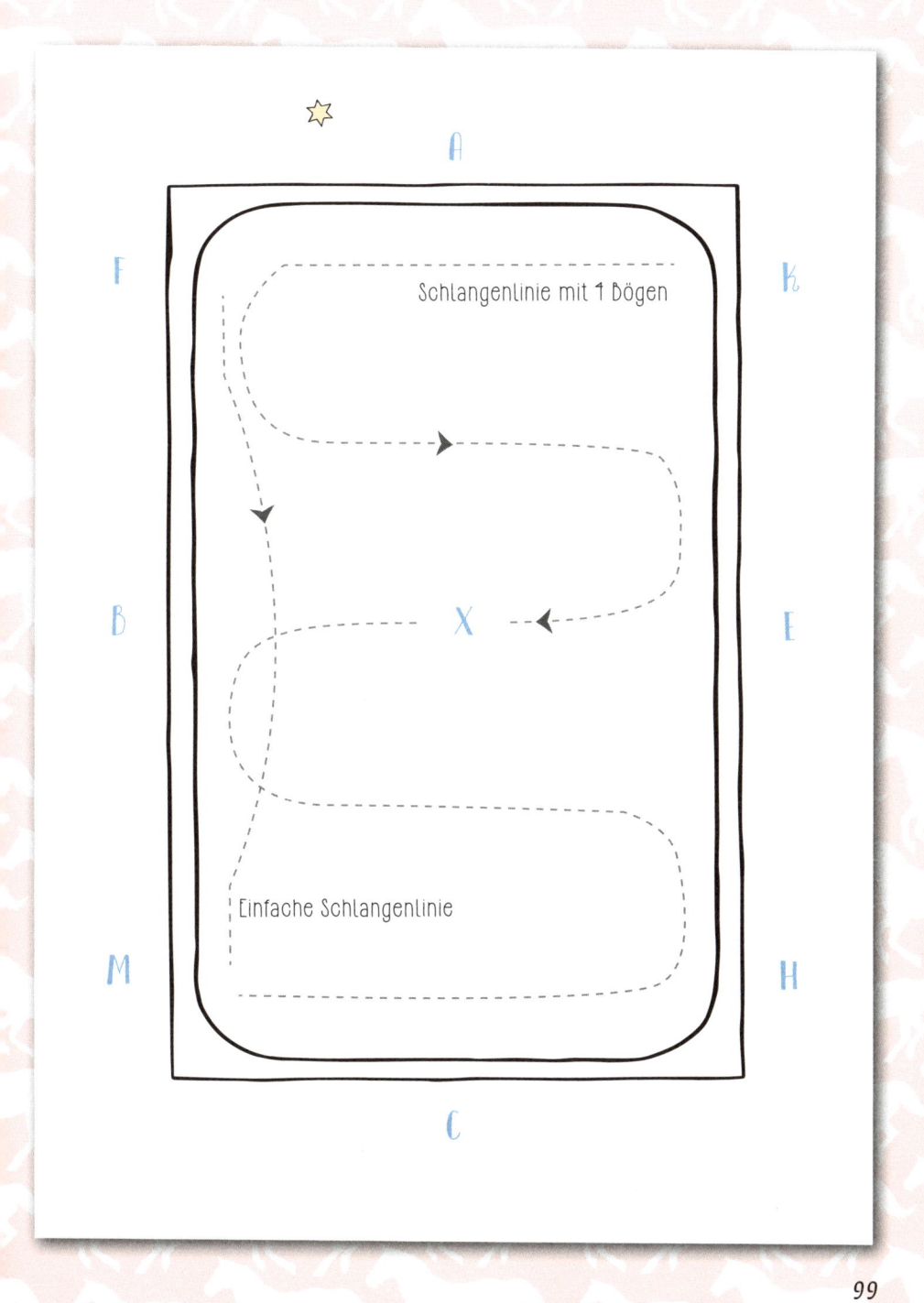

F   K

Schlangenlinie mit 1 Bögen

B   X   E

Einfache Schlangenlinie

M   H

C

HINDERNISSE BEIM SPRINGREITEN

STEILSPRUNG

Das Rick ist das einfachste Hindernis, es besteht nur aus zwei Ständern, zwischen die eine oder mehrere Stangen eingehängt werden.

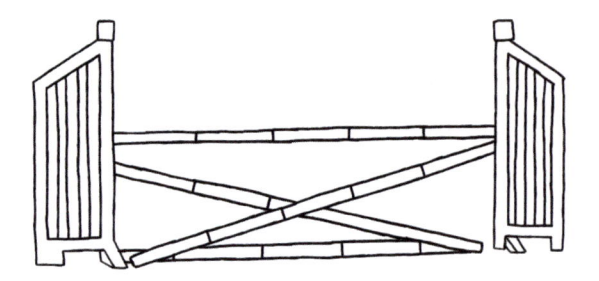

HOCHWEITSPRUNG

Der Oxer besteht aus vier Hindernisständern, in denen mindestens 2 Stangen parallel eingehängt werden. Somit ist der Sprung nicht nur hoch, sondern auch weit.

WEITSPRUNG

Ein Wassergraben ist ein flaches Hindernis, welches zwischen 1 und 5 Metern breit sein kann.

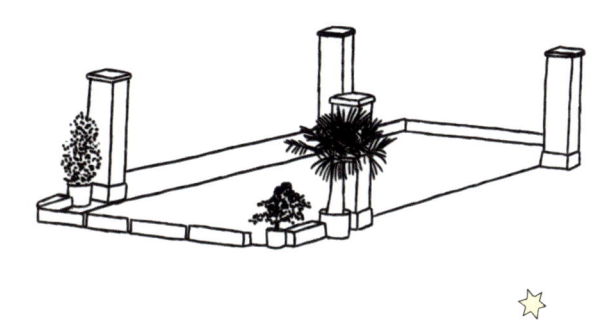

KOMBINATIONEN

Eine Kombination besteht aus mehreren Sprüngen, zwischen denen nur 1 oder 2 Galoppsprünge liegen.

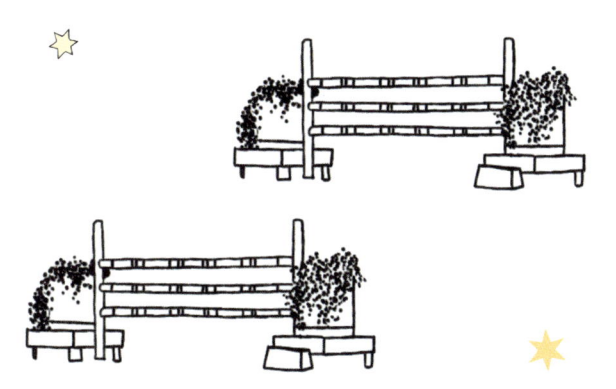

Reiten ist nicht alles, da gibt es noch viel mehr!

BODENARBEIT

So bezeichnet man meistens Führtraining: richtiges und braves Führen, an der Hand traben, auf Kommando stehen bleiben oder zur Seite weichen.

GELASSENHEITSTRAINING

Pferde sollte man an für sie komische und beängstigende Situationen und Gegenstände gewöhnen. Mit viel Vertrauen und in langsamen Schritten kann aus einem ängstlichen Pferd ein mutiges werden. Besonders hilfreich ist das, wenn ihr zusammen ausreitet oder neue Hindernisse überwinden müsst.

HANDARBEIT

Das ist das Gymnastizieren des Pferdes, ohne im Sattel zu sitzen, also vom Boden aus.

FREIARBEIT

Das ist die freie Arbeit mit dem Pferd ohne Halfter, Strick oder Trense. Freies Longieren beispielsweise bezeichnet Longieren, ohne eine Longe zu verwenden. Man kommuniziert mit dem Pferd über die Körpersprache, und das Erfolgserlebnis, wenn das Pferd freiwillig und ohne Hilfsmittel folgt, ist riesig!

ZIRKUSLEKTIONEN

Auf Kommando hinlegen, sich verbeugen oder sogar apportieren wie ein Hund: Pferde sind sehr intelligente Tiere und fast alles ist möglich. Mit viel Lob und Geduld kann aus nahezu jedem Pferd eine kleine Attraktion werden.

SPIELE

Yep, man kann mit Pferden spielen und toben. Manche Pferde spielen zum Beispiel gerne mit einem Gymnastikball oder speziellem Pferdespielzeug. Wichtig ist allerdings, dass du dein Pferd während des Spielens immer genau beobachtest. Aus Spiel kann ansonsten schnell Aggression werden. An dieser Stelle solltest du das Spiel sofort beenden.

Probiere mit deinem Herzenspferd neue Sachen aus und vielleicht entdeckst du ja ein neues Talent von euch beiden.

Auf diesen Seiten ist Platz für die schönsten PFERDESPRÜCHE.

DIY-REZEPT FÜR PFERDELECKEREIEN

Dieses einfache Rezept ist nicht nur super lecker, sondern auch gesund für deinen vierbeinigen Freund.

DU BRAUCHST:

2 geriebene Äpfel ♥ 2 geriebene Möhren ♥ 150g Haferflocken
50g Kürbiskerne (ungesalzen) ♥ 1 Esslöffel Honig
3 Esslöffel Zuckerrübensirup ♥ einen großen Schuss Wasser

So geht's:

Vermische die Haferflocken mit dem Wasser, sodass ein fester Brei entsteht. Als Nächstes kommen die geriebenen Äpfel und Möhren in die Masse. Zuletzt nur noch Honig, Zuckerrübensirup und die Kürbiskerne unterrühren.

Jetzt muss das Ganze in den Backofen! Fette dafür ein normales Backblech mit natürlichem pflanzlichen Öl ein und verteile die gesamte Masse dünn und gleichmäßig darauf. Schiebe das Blech für ungefähr 30-120 Minuten bei 170 Grad in den Backofen. Wenn es schließlich ausgekühlt ist, kannst du es in leckerli-große Stücke zerschneiden und noch eine Nacht offen stehen lassen, bis es ganz ausgehärtet ist.
Dann kannst du es auch schon deinem Herzenspferd füttern, aber achte immer darauf, dass Pferde nicht zu viele Leckerlis bekommen.

Na? Wie hat es ihm geschmeckt?

Datum:

DEINE FORTSCHRITTE

Benote dich selbst (sei unbedingt ehrlich!)
Wiederhole dies von Zeit zu Zeit immer wieder,
um deinen Fortschritt beobachten zu können.

○ **SCHRITT REITEN**
Begründung:

○ **LEICHTTRABEN**
Begründung:

○ **IM TRAB AUSSITZEN**
Begründung:

○ **GALOPPIEREN**
Begründung:

○ **GALOPPIEREN IM LEICHTEN SITZ**
Begründung:

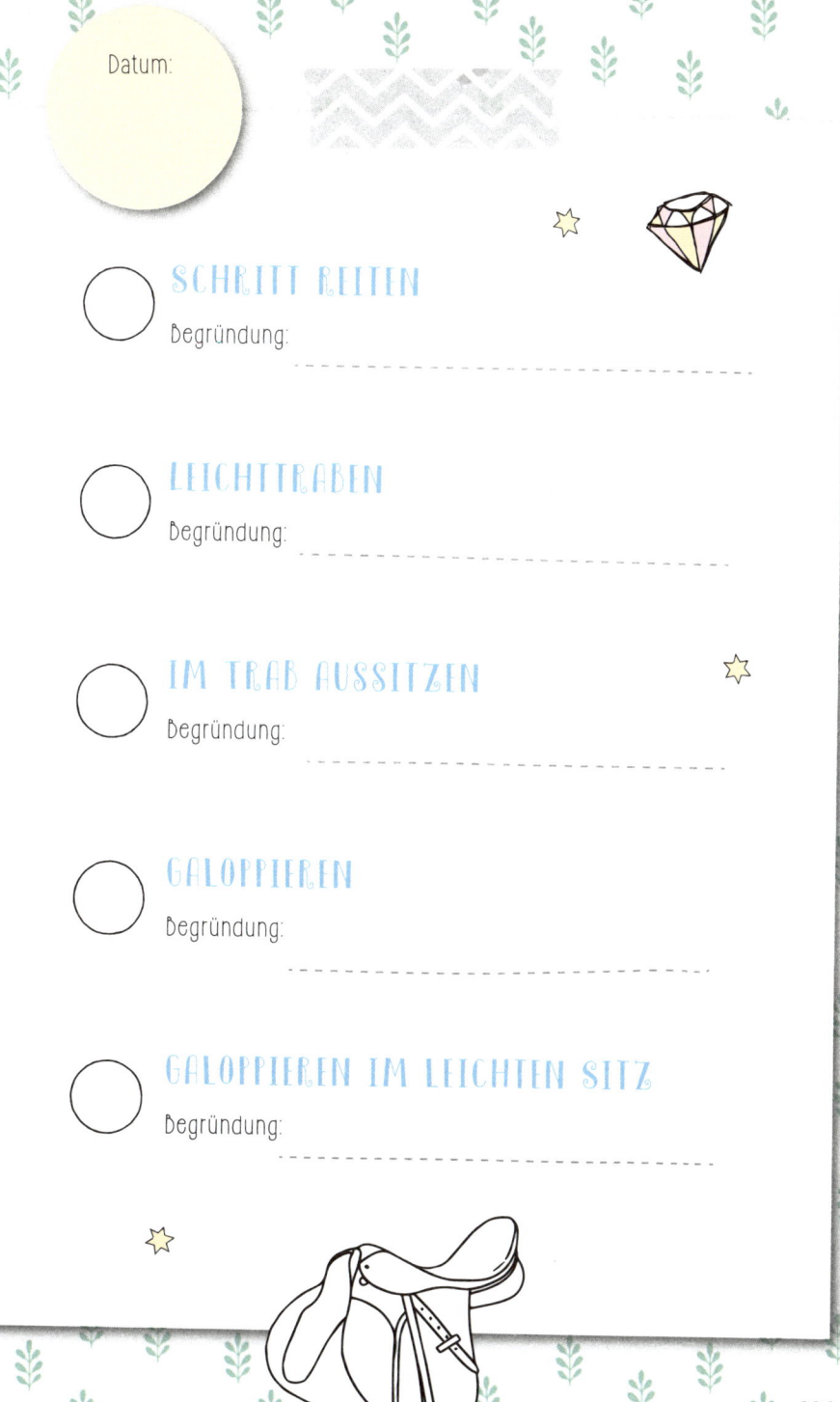

Datum:

○ **SCHRITT REITEN**
Begründung:

○ **LEICHTTRABEN**
Begründung:

○ **IM TRAB AUSSITZEN**
Begründung:

○ **GALOPPIEREN**
Begründung:

○ **GALOPPIEREN IM LEICHTEN SITZ**
Begründung:

Datum:

○ **SCHRITT REITEN**
Begründung: _____

○ **LEICHTTRABEN**
Begründung: _____

○ **IM TRAB AUSSITZEN**
Begründung: _____

○ **GALOPPIEREN**
Begründung: _____

○ **GALOPPIEREN IM LEICHTEN SITZ**
Begründung: _____

110

Datum:

SCHRITT REITEN
Begründung:

LEICHTTRABEN
Begründung:

IM TRAB AUSSITZEN
Begründung:

GALOPPIEREN
Begründung:

GALOPPIEREN IM LEICHTEN SITZ
Begründung:

TO-DO-LISTE IM STALL!

Wann hast du zum Beispiel das letzte Mal deinen Putzkoffer saubergemacht und auf Vordermann gebracht? Was steht noch auf deiner To-do-Liste?

PFERDENAMEN

Welche sind die schönsten Pferdenamen, die du jemals gehört hast?

TOP 10: Welche **PFERDEFILME** hast du schon gesehen? Und wie fandest du sie? Vergib Sterne!

....	☆ ☆ ☆ ☆ ☆
....	☆ ☆ ☆ ☆ ☆
....	☆ ☆ ☆ ☆ ☆
....	☆ ☆ ☆ ☆ ☆
....	☆ ☆ ☆ ☆ ☆
....	☆ ☆ ☆ ☆ ☆
....	☆ ☆ ☆ ☆ ☆
....	☆ ☆ ☆ ☆ ☆
....	☆ ☆ ☆ ☆ ☆
....	☆ ☆ ☆ ☆ ☆
....	☆ ☆ ☆ ☆ ☆
....	☆ ☆ ☆ ☆ ☆

TOP 10: Welche **PFERDEBÜCHER** hast du schon gelesen? Bewerte sie mit Sternen.

------------------------------------ ☆ ☆ ☆ ☆ ☆

------------------------------------ ☆ ☆ ☆ ☆ ☆

------------------------------------ ☆ ☆ ☆ ☆ ☆

------------------------------------ ☆ ☆ ☆ ☆ ☆

------------------------------------ ☆ ☆ ☆ ☆ ☆

------------------------------------ ☆ ☆ ☆ ☆ ☆

------------------------------------ ☆ ☆ ☆ ☆ ☆

------------------------------------ ☆ ☆ ☆ ☆ ☆

------------------------------------ ☆ ☆ ☆ ☆ ☆

------------------------------------ ☆ ☆ ☆ ☆ ☆

------------------------------------ ☆ ☆ ☆ ☆ ☆

------------------------------------ ☆ ☆ ☆ ☆ ☆

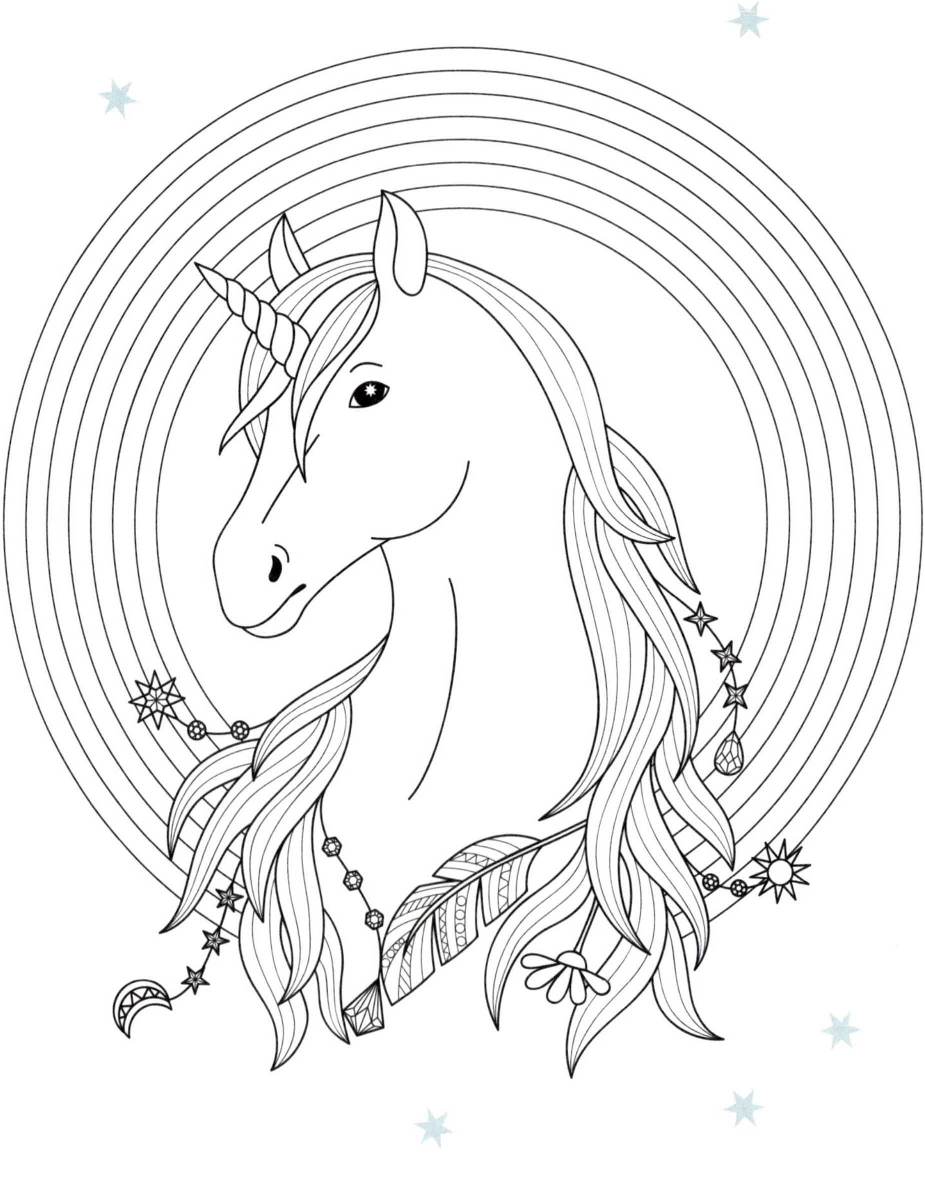

AUFLÖSUNG VON S. 76

FRAGE 1: Im Galopp kann ein Pferd 60 Kilometer in der Stunde erreichen.

FRAGE 2: Pferde brauchen etwa 1,5 Kilogramm Heu pro 100 Kilogramm Körpergewicht. Bei einem 650 Kilogramm schweren Pferd sind das also knapp 10 Kilogramm.

FRAGE 3: Am häufigsten kommen Füchse vor. Aber Fuchs ist nicht gleich Fuchs, die rötliche Farbe gibt es in vielen Abstufungen und Variationen.

FRAGE 4: Das höchste Hindernis, das je von einem Pferd überwunden wurde, war 2,17m hoch.

FRAGE 5: Weltweit sind über 200 Pferderassen verzeichnet.

Reiterlebnisse und Fortschritte

Es folgen einige Seiten, auf denen du deine Reiterlebnisse und Fortschritte eintragen kannst. Sei ehrlich, aber nicht zu streng mit dir und deinem vierbeinigen Partner. Und denke immer daran: Manchmal muss man 2 Schritte zurückgehen, um dann 3 Schritte vorwärtszukommen.

MEINE REITERLICHEN FORTSCHRITTE

Datum: _____

Pferdename: _____

Wo bist du geritten? _____

Dauer der Reiteinheit: _____

Kurze Übersicht des Trainings: _____
_____
_____

Gut gemacht: _____

Zu verbessern: _____

Wer war noch dabei? _____

Wie viel Spaß hat es gemacht?   1 2 3 4 5 6 7 8 9 10

MEINE REITERLICHEN FORTSCHRITTE

Datum: ....

Pferdename: ....

Wo bist du geritten: ....

Dauer der Reiteinheit: ....

Kurze Übersicht des Trainings: ....
....
....

Gut gemacht: ....

Zu verbessern: ....

Wer war noch dabei? ....

Wie viel Spaß hat es gemacht? 1 2 3 4 5 6 7 8 9 10

MEINE REITERLICHEN FORTSCHRITTE

Datum: _____

Pferdename: _____

Wo bist du geritten? _____

Dauer der Reiteinheit: _____

Kurze Übersicht des Trainings: _____

_____

_____

Gut gemacht: _____

Zu verbessern: _____

Wer war noch dabei? _____

Wie viel Spaß hat es gemacht?   1 2 3 4 5 6 7 8 9 10

MEINE REITERLICHEN FORTSCHRITTE

Datum: ....

Pferdename: ....

Wo bist du geritten: ....

Dauer der Reiteinheit: ....

Kurze Übersicht des Trainings: ....
....
....

Gut gemacht: ....

Zu verbessern: ....

Wer war noch dabei? ....

Wie viel Spaß hat es gemacht? 1 2 3 4 5 6 7 8 9 10

MEINE REITERLICHEN FORTSCHRITTE

Datum: _____

Pferdename: _____

Wo bist du geritten? _____

Dauer der Reiteinheit: _____

Kurze Übersicht des Trainings: _____
_____
_____

Gut gemacht: _____

Zu verbessern: _____

Wer war noch dabei? _____

Wie viel Spaß hat es gemacht?   1 2 3 4 5 6 7 8 9 10

MEINE REITERLICHEN FORTSCHRITTE

Datum: ....

Pferdename: ....

Wo bist du geritten: ....

Dauer der Reiteinheit: ....

Kurze Übersicht des Trainings: ....
....
....

Gut gemacht: ....

Zu verbessern: ....

Wer war noch dabei? ....

Wie viel Spaß hat es gemacht?   1 2 3 4 5 6 7 8 9 10

MEINE REITERLICHEN FORTSCHRITTE

Datum: ....

Pferdename: ....

Wo bist du geritten? ....

Dauer der Reiteinheit: ....

Kurze Übersicht des Trainings: ....

....

....

Gut gemacht: ....

Zu verbessern: ....

Wer war noch dabei? ....

Wie viel Spaß hat es gemacht?   1 2 3 4 5 6 7 8 9 10

MEINE REITERLICHEN FORTSCHRITTE

Datum: ....

Pferdename: ....

Wo bist du geritten: ....

Dauer der Reiteinheit: ....

Kurze Übersicht des Trainings: ....
....
....

Gut gemacht: ....

Zu verbessern: ....

Wer war noch dabei? ....

Wie viel Spaß hat es gemacht? 1 2 3 4 5 6 7 8 9 10

MEINE REITERLICHEN FORTSCHRITTE

Datum:

Pferdename:

Wo bist du geritten?

Dauer der Reiteinheit:

Kurze Übersicht des Trainings:

Gut gemacht:

Zu verbessern:

Wer war noch dabei?

Wie viel Spaß hat es gemacht?   1 2 3 4 5 6 7 8 9 10

MEINE REITERLICHEN FORTSCHRITTE

Datum: ....

Pferdename: ....

Wo bist du geritten: ....

Dauer der Reiteinheit: ....

Kurze Übersicht des Trainings: ....
....
....

Gut gemacht: ....

Zu verbessern: ....

Wer war noch dabei? ....

Wie viel Spaß hat es gemacht? 1 2 3 4 5 6 7 8 9 10

MEINE REITERLICHEN FORTSCHRITTE

Datum: ....

Pferdename: ....

Wo bist du geritten? ....

Dauer der Reiteinheit: ....

Kurze Übersicht des Trainings: ....

....

....

Gut gemacht: ....

Zu verbessern: ....

Wer war noch dabei? ....

Wie viel Spaß hat es gemacht?   1 2 3 4 5 6 7 8 9 10

MEINE REITERLICHEN FORTSCHRITTE

Datum: ....

Pferdename: ....

Wo bist du geritten: ....

Dauer der Reiteinheit: ....

Kurze Übersicht des Trainings: ....
....
....

Gut gemacht: ....

Zu verbessern: ....

Wer war noch dabei? ....

Wie viel Spaß hat es gemacht? 1 2 3 4 5 6 7 8 9 10

MEINE REITERLICHEN FORTSCHRITTE

Datum: _____

Pferdename: _____

Wo bist du geritten? _____

Dauer der Reiteinheit: _____

Kurze Übersicht des Trainings: _____
_____
_____

Gut gemacht: _____

Zu verbessern: _____

Wer war noch dabei? _____

Wie viel Spaß hat es gemacht? 1 2 3 4 5 6 7 8 9 10

MEINE REITERLICHEN FORTSCHRITTE

Datum: --

Pferdename: ---

Wo bist du geritten: ---

Dauer der Reiteinheit: ---------------------------------------

Kurze Übersicht des Trainings: ---------------------------

Gut gemacht: --

Zu verbessern: --

Wer war noch dabei? ---

Wie viel Spaß hat es gemacht? 1 2 3 4 5 6 7 8 9 10

MEINE REITERLICHEN FORTSCHRITTE

Datum: _____

Pferdename: _____

Wo bist du geritten? _____

Dauer der Reiteinheit: _____

Kurze Übersicht des Trainings: _____
_____
_____

Gut gemacht: _____

Zu verbessern: _____

Wer war noch dabei? _____

Wie viel Spaß hat es gemacht?   1 2 3 4 5 6 7 8 9 10

MEINE REITERLICHEN FORTSCHRITTE

Datum: ....

Pferdename: ....

Wo bist du geritten: ....

Dauer der Reiteinheit: ....

Kurze Übersicht des Trainings: ....
....
....

Gut gemacht: ....

Zu verbessern: ....

Wer war noch dabei? ....

Wie viel Spaß hat es gemacht?   1 2 3 4 5 6 7 8 9 10

MEINE REITERLICHEN FORTSCHRITTE

Datum:

Pferdename:

Wo bist du geritten?

Dauer der Reiteinheit:

Kurze Übersicht des Trainings:

Gut gemacht:

Zu verbessern:

Wer war noch dabei?

Wie viel Spaß hat es gemacht?   1 2 3 4 5 6 7 8 9 10

MEINE REITERLICHEN FORTSCHRITTE

Datum: ....

Pferdename: ....

Wo bist du geritten: ....

Dauer der Reiteinheit: ....

Kurze Übersicht des Trainings: ....
....
....

Gut gemacht: ....

Zu verbessern: ....

Wer war noch dabei? ....

Wie viel Spaß hat es gemacht? 1 2 3 4 5 6 7 8 9 10

MEINE REITERLICHEN FORTSCHRITTE

Datum: ....

Pferdename: ....

Wo bist du geritten? ....

Dauer der Reiteinheit: ....

Kurze Übersicht des Trainings: ....
....
....

Gut gemacht: ....

Zu verbessern: ....

Wer war noch dabei? ....

Wie viel Spaß hat es gemacht?   1 2 3 4 5 6 7 8 9 10

MEINE REITERLICHEN FORTSCHRITTE

Datum: ....

Pferdename: ....

Wo bist du geritten: ....

Dauer der Reiteinheit: ....

Kurze Übersicht des Trainings: ....
....
....

Gut gemacht: ....

Zu verbessern: ....

Wer war noch dabei? ....

Wie viel Spaß hat es gemacht?   1 2 3 4 5 6 7 8 9 10

MEINE REITERLICHEN FORTSCHRITTE

Datum: ....

Pferdename: ....

Wo bist du geritten? ....

Dauer der Reiteinheit: ....

Kurze Übersicht des Trainings: ....
....
....

Gut gemacht: ....

Zu verbessern: ....

Wer war noch dabei? ....

Wie viel Spaß hat es gemacht? 1 2 3 4 5 6 7 8 9 10

MEINE REITERLICHEN FORTSCHRITTE

Datum: ....

Pferdename: ....

Wo bist du geritten: ....

Dauer der Reiteinheit: ....

Kurze Übersicht des Trainings: ....
....
....

Gut gemacht: ....

Zu verbessern: ....

Wer war noch dabei? ....

Wie viel Spaß hat es gemacht? 1 2 3 4 5 6 7 8 9 10

MEINE REITERLICHEN FORTSCHRITTE

Datum: _____

Pferdename: _____

Wo bist du geritten? _____

Dauer der Reiteinheit: _____

Kurze Übersicht des Trainings: _____
_____
_____

Gut gemacht: _____

Zu verbessern: _____

Wer war noch dabei? _____

Wie viel Spaß hat es gemacht? 1 2 3 4 5 6 7 8 9 10

MEINE REITERLICHEN FORTSCHRITTE

Datum: ....

Pferdename: ....

Wo bist du geritten: ....

Dauer der Reiteinheit: ....

Kurze Übersicht des Trainings: ....

....

....

Gut gemacht: ....

Zu verbessern: ....

Wer war noch dabei? ....

Wie viel Spaß hat es gemacht?   1 2 3 4 5 6 7 8 9 10

MEINE REITERLICHEN FORTSCHRITTE

Datum: _____

Pferdename: _____

Wo bist du geritten? _____

Dauer der Reiteinheit: _____

Kurze Übersicht des Trainings: _____
_____
_____

Gut gemacht: _____

Zu verbessern: _____

Wer war noch dabei? _____

Wie viel Spaß hat es gemacht? 1 2 3 4 5 6 7 8 9 10

MEINE REITERLICHEN FORTSCHRITTE

Datum: ....

Pferdename: ....

Wo bist du geritten: ....

Dauer der Reiteinheit: ....

Kurze Übersicht des Trainings: ....
....
....

Gut gemacht: ....

Zu verbessern: ....

Wer war noch dabei? ....

Wie viel Spaß hat es gemacht?   1 2 3 4 5 6 7 8 9 10

MEINE REITERLICHEN FORTSCHRITTE

Datum: ....

Pferdename: ....

Wo bist du geritten? ....

Dauer der Reiteinheit: ....

Kurze Übersicht des Trainings: ....
....
....

Gut gemacht: ....

Zu verbessern: ....

Wer war noch dabei? ....

Wie viel Spaß hat es gemacht? 1 2 3 4 5 6 7 8 9 10

MEINE REITERLICHEN FORTSCHRITTE

Datum: ....

Pferdename: ....

Wo bist du geritten: ....

Dauer der Reiteinheit: ....

Kurze Übersicht des Trainings: ....
....
....

Gut gemacht: ....

Zu verbessern: ....

Wer war noch dabei? ....

Wie viel Spaß hat es gemacht?   1 2 3 4 5 6 7 8 9 10

MEINE REITERLICHEN FORTSCHRITTE

Datum:

Pferdename:

Wo bist du geritten?

Dauer der Reiteinheit:

Kurze Übersicht des Trainings:

Gut gemacht:

Zu verbessern:

Wer war noch dabei?

Wie viel Spaß hat es gemacht? 1 2 3 4 5 6 7 8 9 10

MEINE REITERLICHEN FORTSCHRITTE

Datum: ....

Pferdename: ....

Wo bist du geritten: ....

Dauer der Reiteinheit: ....

Kurze Übersicht des Trainings: ....
....
....

Gut gemacht: ....

Zu verbessern: ....

Wer war noch dabei? ....

Wie viel Spaß hat es gemacht?   1 2 3 4 5 6 7 8 9 10

SARINA + FLORA

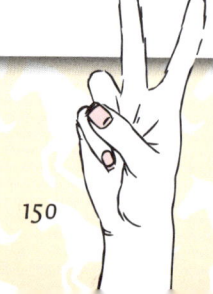

DAS SIND WIR ...

VIKI + TIRAN ♡

FLORA BLUE

Spitznamen: Flori, Flo, Flo Flo, Flöhchen

Geburtstag: 21.12.2010

Rasse: Paint-Horse-Mix

Stockmaß: 1,15m

Farbbezeichnung: Fuchsschecke

Besonderheiten: blaue Augen

Lieblingsfutter: Äpfel

Lieblingsbeschäftigung: Fressen!

Diese Farbe steht ihr am besten: Hellblau! Das bringt ihre Augen noch mehr zum Strahlen.

Stärken: Flora lernt schnell

Schwächen: Sie bekommt schlechte Laune, wenn es regnet oder kalt ist.

Flora ist sehr selbstständig und testet erstmal, wie weit sie gehen kann.

Es dauert etwas, bis sie jemanden in ihr Herz schließt, aber dann ist sie sehr loyal.

Für Futter würde sie fast alles tun!

Wenn es regnet, steht sie lieber draußen als drinnen.

TIRAN

Spitznamen: Dino Tiran, kleiner Wilder

Geburtstag: 19.07.2013

Rasse: Appaloosa-Mix

Stockmaß: 1,55m

Farbbezeichnung: Strawberry Roan

Besonderheiten: gepunktete Fellzeichnung am Po und eine Locke im Schweif

Lieblingsfutter: Bananen

Lieblingsbeschäftigung: Spielen und Dinge (unabsichtlich) zerstören!

Diese Farbe steht ihm am besten: Tannengrün

Stärken: Er liebt es zu springen und verweigert niemals ein Hindernis.

Schwächen: Ihm wird schnell langweilig, wenn er nicht beschäftigt wird.

Tiran hat ein goldenes Herz und ist unendlich treu.

Er ist immerzu neugierig und kann Fehler schnell verzeihen.

Manchmal kann er seine Kraft nicht so gut einschätzen und hat deshalb schon das ein oder andere Halfter kaputt gemacht.

Zur Begrüßung wiehert er Viki immer zu.

GUT ZU WISSEN

Du liebst Pferde und alles, was damit zu tun hat – aber du hast manchmal das Gefühl, die Reitersprache ist ist etwas kompliziert?
Das sind einige Begriffe, die du kennen solltest:

ABÄPPELN: Vielleicht nicht die schönste Aufgabe – aber sehr wichtig! Nach dem Reiten müssen die Pferdeäpfel von der Reitbahn entfernt werden. Das ist nicht nur aus optischen Gründen notwendig, sondern auch aus hygienischen. Die Koppeln müssen ebenfalls regelmäßig vom Pferdemist befreit werden.

ABZEICHEN: So nennt man auffällige weiße Stellen in der Fellzeichnung der Pferde. Abzeichen gibt es vor allem am Kopf: Einen weißen Strich, der von der Stirn bis zu den Nüstern geht, nennt man zum Beispiel Blesse. Auch an den Beinen kommen Abzeichen häufig vor.

CHAPS: Das sind eine Art Stulpen aus Leder oder Gummi, die du über deine Schuhe ziehst. So werden deine bequemsten Boots im Handumdrehen zu Reitstiefeln!

GANGART: Es gibt drei Haupt-Gangarten bei Pferden: Schritt, Trab und Galopp. Sie unterscheiden sich nicht nur in der Geschwindigkeit, sondern auch darin, wie das Pferd die Hufe aufsetzt. Manche Pferderassen wie die Isländer beherrschen außerdem noch weitere Gangarten wie Pass oder Tölt.

HALSRING: Ein Halsring ist im Grunde ein lockeres Seil, das um den Hals des Pferdes gelegt wird. Wenn du mit Halsring reitest, musst du deinem Pferd die Signale ausschließlich mit dem Körper geben. Ihr müsst euch schon gut kennen, um einander so zu verstehen – eine tolle Vertrauensübung!

HUFSCHLAGFIGUREN: Jede Reitbahn ist in Abschnitte unterteilt, die mit Buchstaben gekennzeichnet sind. Man kann diese Bahn in festen Mustern abreiten – diese Muster nennt man Hufschlagfiguren.

LANGHAAR: Damit bezeichnet man die Mähne und den Schweif der Pferde – die langen Haare. Oft hat das Langhaar eine andere Farbe als das Kurzhaar.

LONGE: Das ist eine lange Leine, an der das Pferd im Kreis geht. So kann der Reitlehrer bei Reitanfängern besser die Kontrolle behalten. Aber auch beim Voltigieren kommt die Longe zum Einsatz.

REITBETEILIGUNG: Man kann es auch als Mitreiter bezeichnen – es handelt sich um eine weitere Person, die neben dem Besitzer auf dem Pferd reiten darf.

SCHABRACKE: So bezeichnet man eine Satteldecke, die unter den Sattel gelegt wird. Sie dient zur Polsterung und zum Schutz des Pferdes. Und weil es Schabracken in vielen verschiedenen Formen und Farben gibt, kann man dem Pferd damit immer wieder einen neuen Look verpassen.

SCHLEIFE: Wenn man bei einem Turnier eine gute Platzierung erreicht, bekommt man als Reiter eine Schleife. Sie ist die Auszeichnung für den Erfolg.

STOCKMAß: Das Stockmaß ist ein Maß für die Größe von Pferden. Es wird vom Boden bis zur höchsten Stelle des Rückens gemessen.

ZAUMZEUG: Über das Zaumzeug gibst du deinem Pferd beim Reiten Hilfen und Befehle. Es besteht aus Gurten, die über den Kopf des Pferdes gelegt werden, einem Mundstück und den Zügeln. Sei immer behutsam mit dem Zaumzeug, denn das Maul deines Herzenspferdes ist empfindlich!

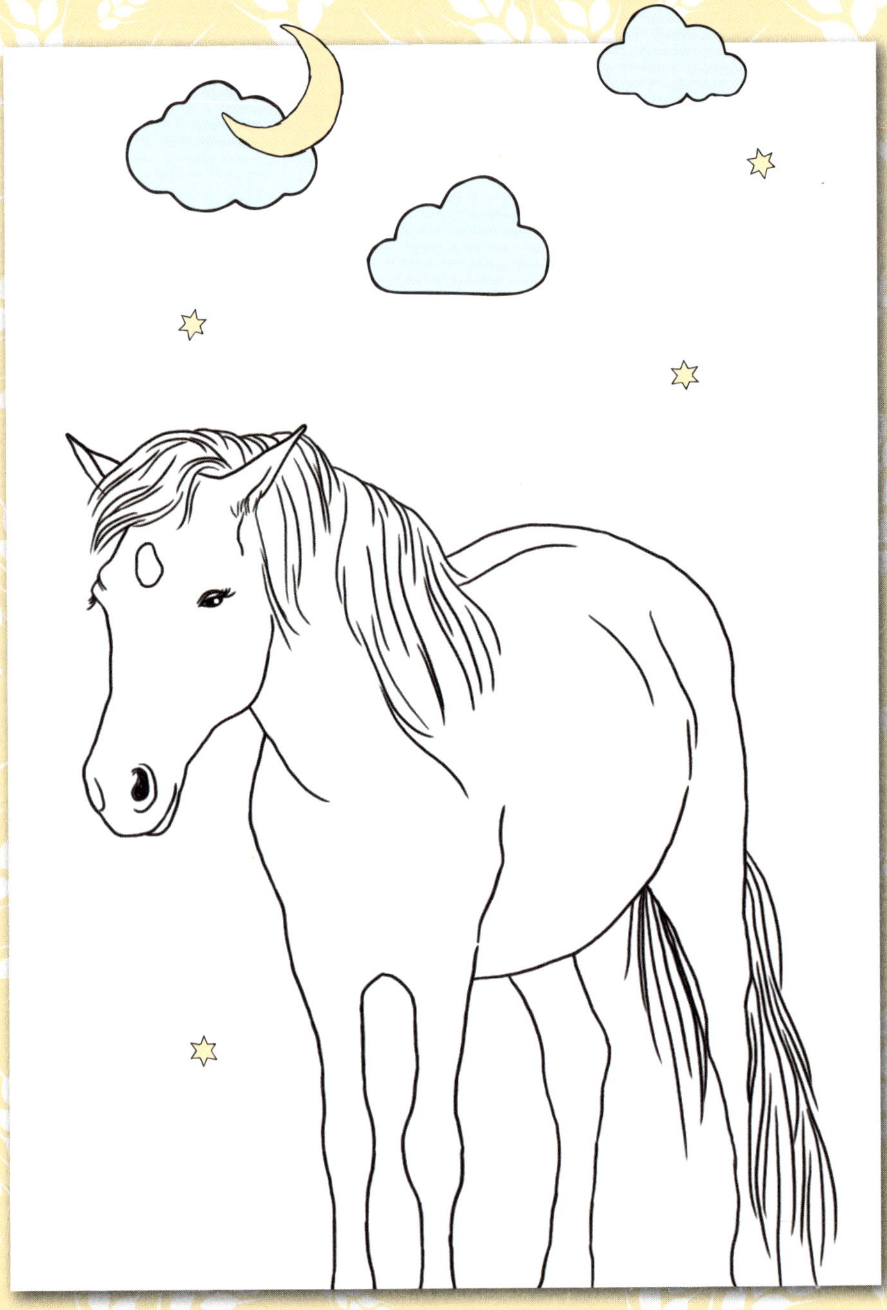

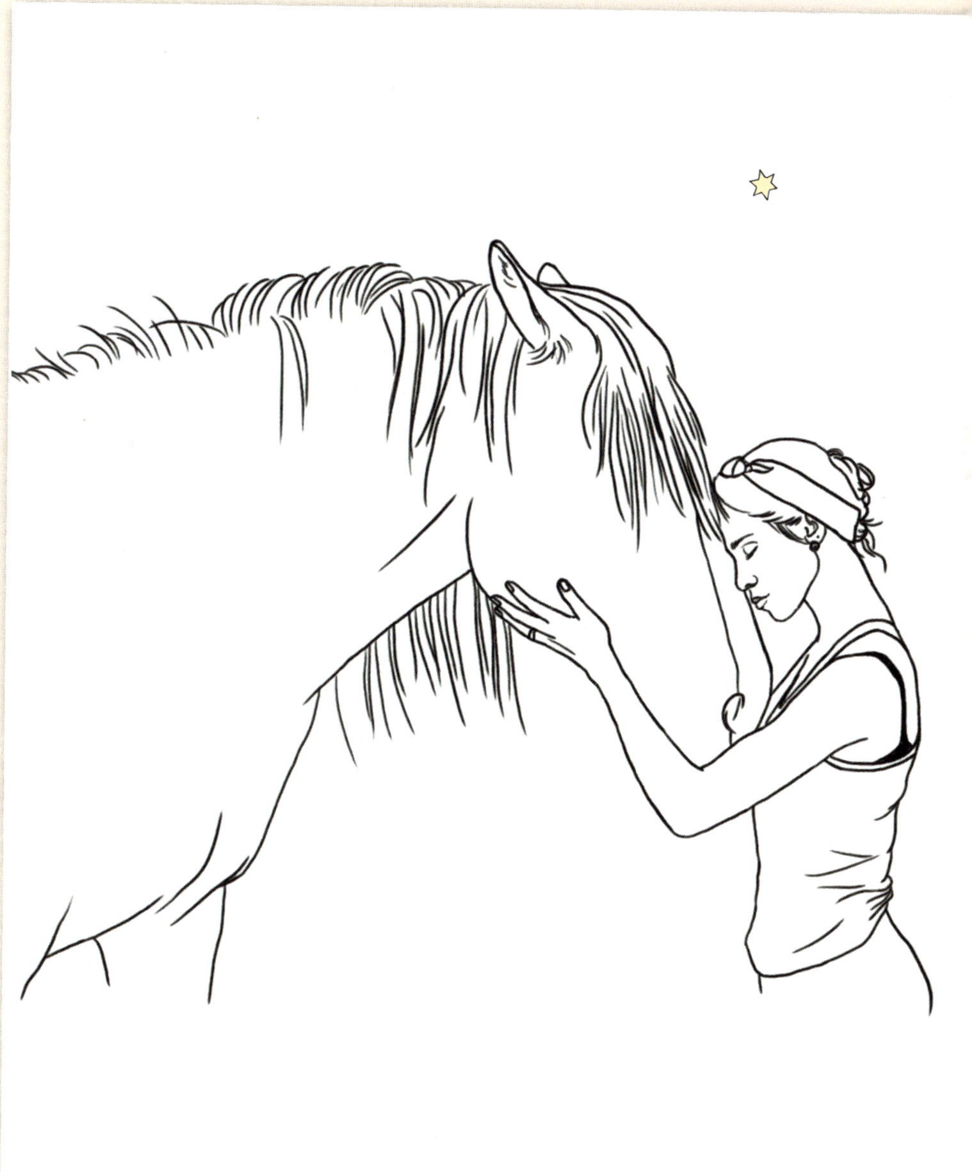

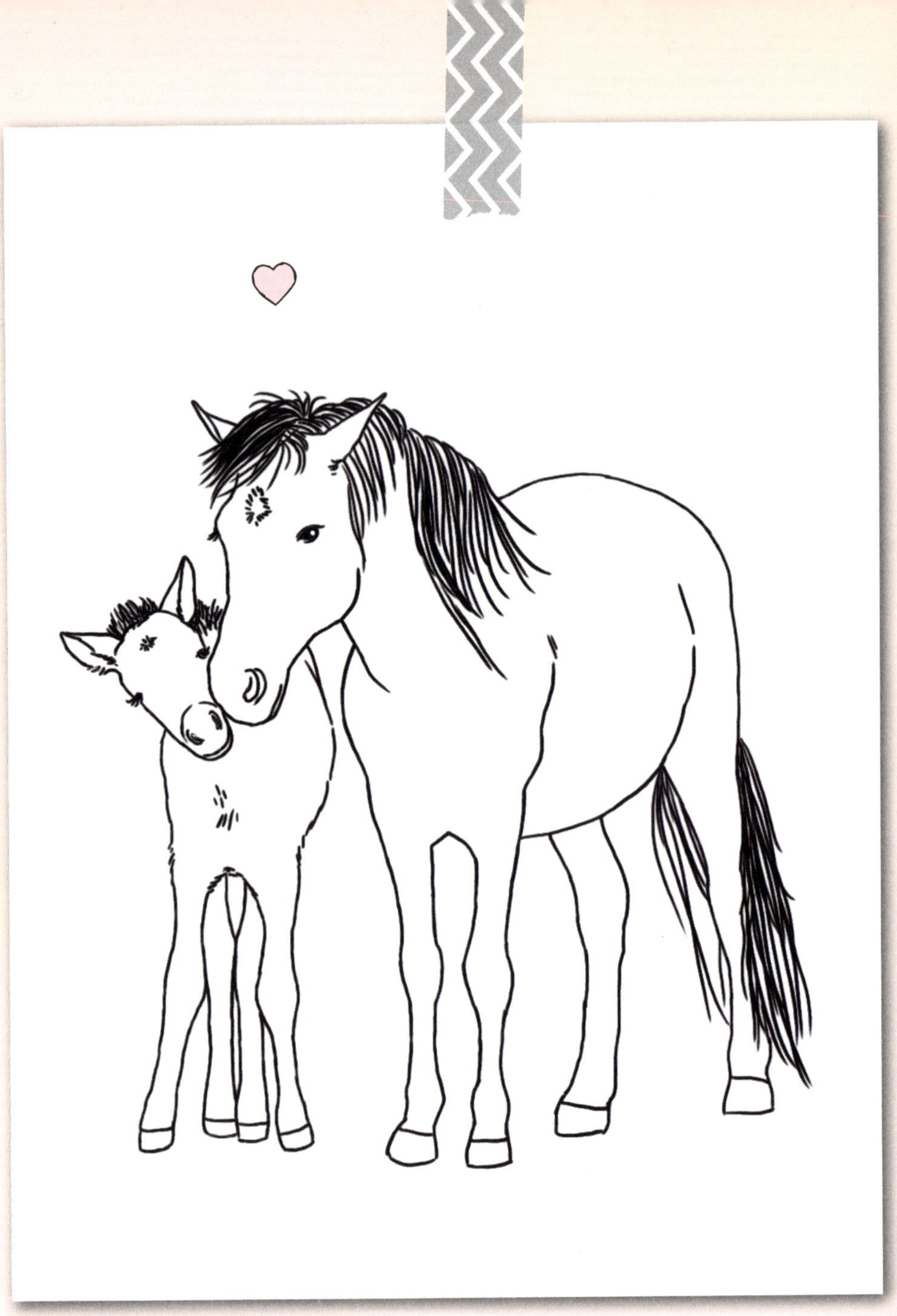

Notiere hier alle
WICHTIGEN TELEFONNUMMERN,
die du auf einen Blick brauchst.

Tierarzt:

Tierarzt 2:

Hufschmied:

IMPRESSUM

© 2020 Community Editions GmbH
Zülpicher Platz 9
50674 Köln

Alle Rechte der Verbreitung, auch durch Film, Funk, Fernsehen, fotomechanische Wiedergabe, Tonträger aller Art, auszugsweisen Nachdruck oder Einspeicherung und Rückgewinnung in Datenverarbeitungsanlagen aller Art, sind vorbehalten.

Die Inhalte dieses Buches sind von Autorinnen und Verlag sorgfältig erwogen und geprüft, dennoch kann eine Garantie nicht übernommen werden. Eine Haftung von Autorinnen und Verlag für Personen-, Sach- und Vermögensschäden ist ausgeschlossen.

Texte: ViktoriaSarina
Projektmanagement: Yasmin Reddig
Lektorat: Julia Lucas
Layout, Design & Satz: BUCH & DESIGN Vanessa Weuffel
Illustration: © BUCH & DESIGN Vanessa Weuffel
Bildnachweis: S. 150, 151 © privat
Gesetzt aus der Hipsterish Pro © Hello I'm Flo, DK Innuendo © David Kerkhoff und der Fedra Serif © Peter Bil'ak

Gesamtherstellung: Community Editions GmbH

ISBN 978-3-96096-123-9

Printed in Poland

www.community-editions.de